徳永桂子

からだノート

中学生の相談箱

大月書店

◆からだの相談室へようこそ◆

　わたしは、思春期保健相談士という仕事をしています。
　いろいろな学校の子どもたちから寄せられた「性」や「からだ」、「思春期」についての質問に答えたり、相談にのったりしています。
　この本には、多くの中学生から聞かれた質問をまとめました。
　もくじに、大体の流れがのっているので、関係のある項目（こうもく）から、あなたの聞きたかった質問をさがしてください。
　どこからでも、自分の読みたいところから読んでみてください。

思春期保健相談士　トクナガ　ケイコ

もくじ

I からだ

- 背の高さ 6~8
- 足の速さ・成績 9~11
- ニキビ 12
- ダイエット 13~15
- 毛の処理 16
- 月経や射精の始まる時期 18
- 自慰 20~23
- 男子の悩み 24~33
- 胸のしこり 34
- 女子の悩み 35~44

II からだとこころ

- いらつく、むかつく 46~49
- 赤面症 50
- うそをつく 52
- なみだもろい 54
- つらい体験 55
- 自傷 56
- いじめ 58
- 過食症・拒食症 60
- 自殺 62

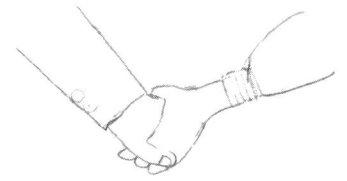

III 恋愛・性・多様性

恋愛 65〜73
告白 74
うわさ 75
デートDV 76〜81
セックス 82〜90
性感染症 91
妊娠 93〜98
女と男 99〜102
命 103
多様性 104〜106
同性愛 107〜109
性同一性障がい 110
援助交際 112
セックスワーク 114
ジェンダー 115
アダルトビデオ 116
ロリータコンプレックス 118
ちかん 119
性暴力 120〜123

あとがき 124

Ⅰ からだ

> **Q** これ以上背が伸びなかったらどうしようとなやんでいます。
> 牛乳をもっと飲んだほうがいいですか？
> それと、女子は生理がきたら、男子は声変わりをすると背が伸びなくなるって本当ですか？

A あなたが、最終的にどれくらいの背の高さになるかは、遺伝の要素が強いです。お正月など、親戚が集まったときに、ぐるりと見まわすと、だいたい自分の背がどれくらいになるかという可能性がわかりますよ。でもがっかりしないでね。日本全体の平均身長は伸びているし、あなたがもっている可能性の中で、最大限、背を伸ばす方法はあります。

　それは、第1にぐっすりねむること。背を伸ばすホルモンは、ぐっすりねむっているときだけです。だから、夜ぐっすりねむることはなにより重要です。このホルモンは、夜中の12〜2時にピークを迎えることが体内時計の研究でわかっています。夜中の12時にぐっすり寝ている状態になるには……と考えてねむりにつく時間を計算しましょう。

　第2に栄養バランスのよい食事をとること。牛乳をたくさん飲むと背が伸びるって思っている人は多いですね。たしかに、牛乳はカルシウムがたくさん含まれているから、背を伸ばすのに役だつけれ

ど、カルシウムなら、ちりめんじゃこや海藻類（わかめやひじきなど）、豆腐や小松菜、切干大根にも多く含まれています。それから、タンパク質をとることも大切。タンパク質というと肉がすぐ思い浮かぶけれど、魚や大豆（豆腐や煮豆、納豆など）にも良質のタンパク質が含まれています。これらの消化吸収にはビタミン・ミネラルも必要になるので、バランスのとれた食事が大切ってわけです。

　それと、生理（月経）がきたり、声変わりがあると、背の伸び方がゆっくりになる人もたしかにいるけれど、背が伸びる時期は人によってちがいます。私の女性の友だちは、20歳すぎてから5cm伸びました。

> 背は遺伝だというのは残念だけど、自分でできることをやってみます。早く寝ます。

> **Q** 炭酸飲料って、からだによくないのですか？背が伸びなくなりますか？

A そうですね。関係ないとは言えないですね。炭酸飲料1缶には35〜42g（角砂糖12〜14個）、缶コーヒー1缶には約30g（同10個）もの砂糖が含まれています。砂糖は強い酸性食品なので、からだに入ると、からだは中性を保つために血液中に溶けているアルカリ性のカルシウムを使います。だから、砂糖をとりすぎるとカルシウムがうばわれて、背を伸ばすために使えなくなります。砂糖の1日の摂取量は、1g以下／1kgが好ましいので、体重40kgの人なら砂糖40g以下ですよね。つまり、炭酸飲料1本でほぼ1日の摂取量をとることになります。砂糖はお菓子だけでなくてお料理にも使われるので、成長期の皆は考えて炭酸飲料を飲んでくださいね。

それと、「カロリー0」と表示している飲み物にはアスパルテームなどの人工甘味料が使われています。たとえカロリーが低くても、舌が甘みに慣らされると味覚が変わってしまうので、飲みすぎには注意してください。

> かなりショックでした。クラブの後にいつも炭酸のんでいたんで。これからお茶にします。

> **Q** どうやったら速く走れるようになれますか？ 成績も、けっこうマジに勉強をしているのに、あまり点があがりません。やっぱり頭が悪いのでしょうか？

A 速く走れるようになりたい、もっと成績をあげたいと思うことはすてきです。

勉強も含めた身体的な能力は、残念ながら遺伝的な要素が強いです。でも、だからといって速く走れるようにならない、勉強ができるようにならないということではありません。

なぜって、みんながもっている能力の可能性の限界は、自分で思っているよりずっと大きいからです。ちょっと図にかいてみましょう。みんながもっている可能性の限界が大きい四角だとすると、今、みんなが出している能力は小さい四角くらい。

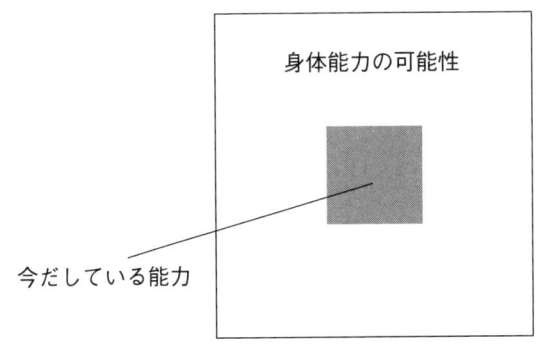

「火事場の馬鹿力」って聞いたことあるでしょう？　火事のような緊急事態になると、思いもよらない力がでて、普段は持ちあがらないタンスを運んでしまったりするんです。こんなふうに人間のからだは大きな可能性を秘めているんですね。

　自分はこれ以上できない、こんなもんだって思って使っている能力は、可能性の限界よりもかならず小さいのです。でも、これにはちゃんと理由があって、もし、自分は「もっとできる」とからだのもっている可能性以上にがんばってしまったら、限界をこえてしまうからです。からだを守るためにそうできているのです。

　それから、みんなは勉強をしたり、スポーツをしたりして、今からだを鍛えていると思うけれど、じつは同時にこころも鍛えているんです。これ以上できないって思いこみを広げるために。

　入学すぐのことを思いだしてみてね。勉強やスポーツをしていて、今より早い段階で「もうダメだ」って思っていませんでしたか？

　今は「もうちょっとがんばれる」ってかんじでしょう？　それは、こころも鍛えられて、もともともっているからだの能力を発揮できるようになったからです。

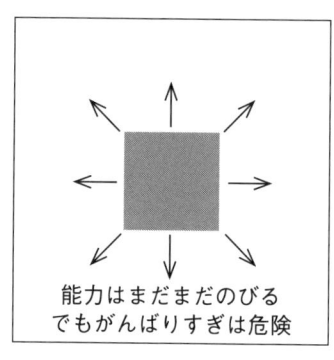

能力はまだまだのびる
でもがんばりすぎは危険

勉強もスポーツもこのことを意識すると、効果的にこころを鍛えることができます。スタートダッシュや英語のここが、というような個別の力の伸ばし方については、あなたがどの段階にいて、どんなトレーニングや勉強をすればより効果的かを、それぞれ教科の先生に相談してみてください。

　大事なことをもうひとつ。そうやってがんばった自分をみとめて、「よくやってるね」と声をかけてあげて。努力はすぐに結果にむすびつかないものです。いまがんばっているあなたはすてき。結果ばかりを追いもとめて、「自分はだめだ」と思うのは、私はちょっとちがうと思うんですよ。

> 能力は心持ちと努力でどうにかできる部分が多いんだと思った。なんだかもっといろんなことができそう。自分の限界を自分で決めてしまわないことが大切なんだとわかった。

ニキビ

> **Q** ニキビがどんどんできるんですが、どうしたらいいですか？ すべすべの美肌になりたいのに、肌がでこぼこです。

A ニキビは、簡単にいうと毛穴におこる炎症です。なぜ、あなたたちにたくさんできるかというと、思春期になると毛穴から皮脂が多くでるので、毛穴がつまりやすいから。そこで解決法は、まずしっかり洗うこと。特別な石けんを使わなくても、普通の石けんでOK。朝起きたときと、寝る前、汗をかいたときに洗いましょう。

アトピーのある人は、洗ったあとのスキンケアをしっかりしてね。刺激の少ない保湿用化粧水などを使ってください。

それでもニキビができるときは、生活を見直してみましょう。寝不足や不規則な生活、かたよった食事でもニキビはできやすくなります。ポテトチップスやチョコレート、甘いパンなど、カロリーが高くビタミン、ミネラルや食物繊維が少ないものはひかえて、野菜をしっかり食べましょう。そうしてしばらく様子をみてください。

ニキビをつぶしたあとがじくじくしたり、赤くなったら、つまった毛穴で菌が繁殖しているので、皮膚科を受診してみてください。

> 学校から帰って食べるお菓子がいけないのかな。やめてみます。

> **Q** やせたいのに、ダイエットが長続きしないんです。ご飯を食べないようにすると、ぎゃくにいっぱい食べてしまう。体脂肪をへらしたいです！

A なぜやせたいの？　どのくらいやせたいのかな？　日本では、健康に害のあるほどやせすぎの人が、1割以上もいるんです。所得の高い国なのにダントツに多いのです。国民の平均の体型が同じくらいの韓国でも、やせすぎ女性の比率は5％くらいなのにね。

　高校生に行った国際比較調査でも、「体形に満足していない」人が、アメリカは2割、日本には8割います。どうしてこんなふうになっていると思いますか？　やせているほうがいい、ってだれが言いだしたんでしょう。

　もしかして、ダイエット食品や整形、エステのコマーシャルにのっかっていない？　ものすごいお金を使って宣伝しているからね。なぜかというと、そうやって人を不安にすればもうかるから。「やせていなければ美しくない」と、あおっているのね。雑誌やテレビもお金で動いているのです。あなたがどうしてやせたいと思うのか、まずはちょっと考えてくれるとうれしいです。

　そのうえでだけど、体脂肪は生命を維持するのに必要なものだから、なくす必要はありません。適度な量は、男子は15〜20％、女子は20〜25％。やせないのは、食べる量が使う量より多いからで、

ケーキやポテトチップスなどの脂肪を多く含む食品を減らすのがよいです。寝る前に食べるのもやめましょう。

　そうして、適度な運動を増やしてください。バスや自転車を使わずに20〜30分の距離なら歩くとか、友だちとしゃべりながら散歩するとか、気持ちのよい運動をして新陳代謝をよくすると、太りにくいからだになります。

　1か月に2kg以上はやせないようにしてください。

　むりなダイエットをすると肌がぼろぼろになったり、髪の毛が抜けたり、外からは見えなくても骨の密度も減り、内臓も弱ります。

　女子で、ダイエットをして月経が止まったというのは赤信号なので、保健室で相談するか、婦人科にかかってね。おどかすわけではないけれど、ほうっておくと将来、子どもをうめなくなる危険もあります。

> やせているほうがぜったいかっこいいと思っていたけど、ちょっと考えてみます。やせたいけど……。

> **Q** やせる薬ってききますか？
> エッチをするとやせるんですか？

A 「これでかならずやせられる」というダイエット食品はたくさんありますが、これこそ「やせられる」という気持ちにつけこむ宣伝方法です。飲めばかならずやせる薬があったら、それはすごい発明です。それから、薬物(やくぶつ)を売ろうとする人が「やせる薬」と言う場合もあるから、携帯(けいたい)などで流れてくる情報にも、十分注意してください。ねむれなくなって興奮して動くからやせるかもしれないけど、薬がやめられなくなったり、からだをこわすこともあります。

あと、「エッチでやせる」なんて研究結果は、私が探したところなかったので、うそだと思いますよ。

> つい「やせる薬」の広告に目がいってしまいます。わたしのような人を広告でつっているんですね。

> **Q** ワキ毛処理は常識ですよね。毛深いと言われて気になっています。ムダ毛は永久脱毛をしたほうがよいですか？

A 消費者センターなどに寄せられる相談のなかで、脱毛による皮膚やお金のトラブルはとっても多いんです。「永久脱毛、レーザーで安全」と宣伝していたのに、やけどや跡が黒くなって治らないなどの被害や、高額のお金をとられた、などの被害が出ています。

自分でする場合も、毛を抜くときに毛根を傷つけたり、テープで脱毛すると肌がいっしょにはがれたりします。また、何回も抜いていると毛穴がかたくなって、かえって目立つようになります。

10代の肌は薄く透明感があり、弾力性にもとんでいて美しいのですが、反面、肌として未熟な状態で、弱かったりかぶれやすかったりします。どうしても毛を処理したかったら、定期的に剃るのがよいでしょう。剃ると濃くなると心配する人がいますが、剃った断面が毛先より太くなるので、濃くなったように見えるだけです。

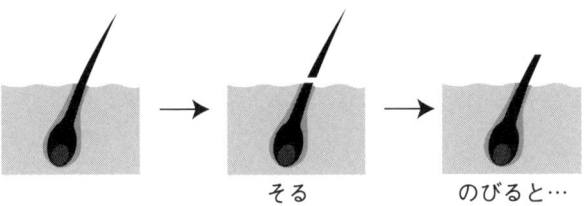

そる　　　のびると…

このごろは、男子も脱毛の相談が増えています。これは、マンガ雑誌や男性雑誌に、タレントなどの写真を載せて、「脱毛したほうが女性にもてる」とかいう宣伝が大きく扱われている影響があると思います。

それから「ムダ毛」というけれど、ワキに毛が生えているのは、腕を使っても皮膚がこすれないようにするためと、匂いをためて性的にアピールするためなんです。ワキの匂いはその人の魅力ってわけです。性毛も同じ働きをしています。

ワキの匂いが気になるなら、匂いを溜めやすい毛をそって、こまめに汗をふきとってください。汗は出て細菌などが繁殖すると匂いがでます。肉や乳製品などの動物性油脂や油をたくさん食べて、野菜・海藻などの食物繊維が少ないと匂いが強くなるとも言われています。どうしても気になる場合はデオドラント製品を使うのもいいでしょう。ただ、使いすぎると皮膚を傷めるので、家に帰ったら洗い流すこと、やたらに使いすぎないようにしてください。

> ムダ毛って言っているけど、ムダな毛はないんだと知ってびっくりしました。

> **Q** まわりの子はほとんど生理がきているけれど、わたしはまだです。大丈夫（だいじょうぶ）なんでしょうか？中学2年です。

A そういう心配をしている人は多いですね。でも、思春期のからだの変化は個人差が大きいんです。最近の全国調査の表をみてください。月経や射精は、10歳（さい）以前で経験している人が数％いる一方、15～16歳で経験している人もいます。それぞれの発達は、すでにあなたの遺伝子に書きこまれていることなので、人とくらべる必要はありません。

　でも、目安としては、女子は15歳、男子は16歳の誕生日になっても月経や射精がはじまらなかったら、病院へ行ってみてください。これは、ねんのために調べてみるということで、心配せずに相談にいくつもりで受診（じゅしん）してください。その時期までは安心して待ってくださいね。

> 生理が早くこないとダメだと思っていて、毎日、気が気ではなかったです。トイレにいくたびにがっかりしていました。15歳の誕生日まで待っていいとわかって、安心しました。

◆日本性教育協会「青少年の性行動」第7回調査報告（2012年8月）

　　射精があったと答えた高校生は82.8％　1164人
　　　　　　　　　　　　　大学生は96.8％　1411人

●初めて射精があったのは何歳ですか？　　　　　　（％）

	高校生	大学生
10歳以前	5.3	7.6
11歳	3.8	9.4
12歳	12.4	19.6
13歳	21.8	25.9
14歳	21.1	16.3
15歳	8.2	7.7
16歳	3.1	3.7
17歳以降	0.3	1.4
わからない、無回答	24.1	8.4

　　月経があったと答えた高校生は96.8％　1273人
　　　　　　　　　　　　　大学生は97.8％　1113人

●初めて月経があったのは何歳ですか？　　　　　　（％）

	高校生	大学生
10歳以前	6.4	10.9
11歳	19.2	23.2
12歳	28.9	27.7
13歳	19.2	14.6
14歳	11.5	12.6
15歳	3.2	4.6
16歳	0.9	1.1
17歳以降	0	0.4
わからない、無回答	10.5	5.1

Ⓒ日本性教育協会「第7回青少年の性行動全国調査」2012　03－6801－9307

> **Q** オナニーをしすぎると背が伸びなくなるって本当ですか？ 体力が落ちるとか、頭が悪くなるとも聞いたんですけれど……。

A それはみんなウソです。人は生まれたときから、ペニスやクリトリスにふれると気持ちよく感じるようにできているので、とても自然で健康的なことです。オナニー、マスターベーションとも言うけれど、日本語では「自慰（じい）」と呼びます。自慰は、性的な衝動（しょうどう）を自己管理できるし、気持ちよく感じることで、自分のからだを好きになったり、大切にしようとする気持ちを育てることができるので、私はとってもよいことだと思っています。もちろんしたくない人がむりにする必要はありません。男子も女子も、自慰を「しちゃいけないこと」だって思わないでほしいです。

> 目からウロコ！です。

Q 自慰って1日に何回がベストなんですか？

A プライバシーが保たれる場所で、きれいに洗った手でするなら、したいだけしてOK。それで寝不足になったら別だけど、自慰そのものが害になることはありません。ただし、暴力的な映像を見ながらとか、暴力的なイメージを思い浮かべながらしていると、暴力と性的な快感が結びついてしまうので注意してください。インターネットの映像やアダルトビデオなどと現実はちがいます。あれが現実だと思いこんでしまうと、将来、恋人ができたときに、相手を大切にして信頼関係をきずくということができなくなる可能性があります。「暴力的な性行為を女性はのぞんでいる」というのは、ウソです。相手が気がすすまないのに性行為をむりじいすることや、レイプは犯罪ですよ。

すごい勉強になりました。

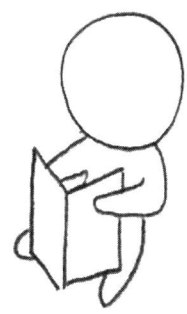

Q 精液っていっしょうにいっしょうですよね？

A ん？　質問の意味がよくわからなかったのですが、「一生」と「一升」、つまり精液は生涯に1.8リットルしかつくられないのかって質問ですか？

　自慰をしすぎて、1.8リットルの精子を出しきってしまったら、将来子どもがつくれなくなるかもと心配していたんですね。そんな心配は必要ありません。だって、精子は一度つくられはじめると、いくらでもつくることができるからです。

　でも、かんちがいしないでほしいのは、出さないと精巣が爆発するとか、男は性衝動が止められないというわけではありません。精子は3〜7日の寿命がくると分解されて、からだの中で再利用されます。それに性衝動は自慰で管理できますからね。

自分のからだのことなのにぜんぜん知らなかった。

> **Q** 自慰（じい）をする人は前立腺（ぜんりつせん）ガンになりにくいのですか？

A あ、あなたも読んだのですね。オーストラリアの研究者が発表したものですが、射精によって添加物や化学物質などの発ガン物質（てんかぶつ）がからだの外にでるのと、ストレスが解消されるのでガンができにくくなるということでした。うれしいニュースですよね。

　以前は、自慰をするとガンになりやすいとも言われていたんです。これは、宗教的に自慰を禁止したいという理由で、自慰は悪い行為（こうい）だという印象を植えつけようとしたんです。だからこの発表は、そういう風潮に風穴（かざあな）をあける画期的な研究だといわれました。

> 自慰が、そんなふうに宗教的に利用されていたなんてまったく知りませんでした。

Q あそこが急に大きくなるんですがおかしいですか？

A 「あそこ」って、ペニスのことですね。ペニスの役割は、「尿をトイレに届ける」と、「精子を卵子に届ける」です。後のほうの仕事をするために、ペニスがかたくなって上を向くのを「ぼっ起」といいます。ぼっ起は子孫を残すために生物にとってはとても重要なことなので、男子は子宮の中にいるときからぼっ起の練習をしています。だから、性的な想像をしたときだけではなく、日に何回もぼっ起しているんですよ。急に大きくなるのは、健康である証です。

ほっとしました。

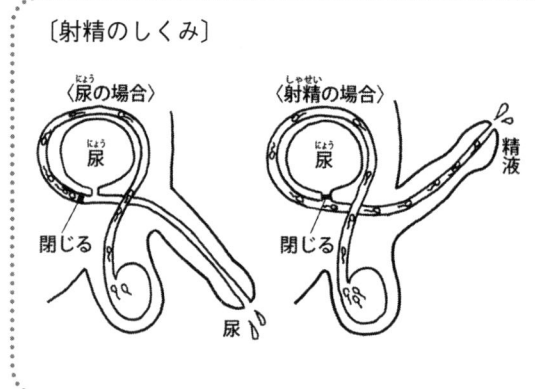

[射精のしくみ]

刺激が頂点に達したとき、精巣から精子が精管を通って、前立腺や精のうなどの分泌液と合わさり精液となって、尿道を通って尿道口から外へ出る（射精）。ぼっ起したときは、膀胱の口が閉じるので、精液と尿がまじることはない。

> **Q** ペニスが曲がっているのと、亀頭(きとう)の根元にブツブツがあるのが心配です。

A 人の顔が一人ひとりちがうように、ペニスも色・形・大きさ・向きがさまざまあります。すこし曲がっているのは個性のうちです。亀頭の根元のブツブツは、痛みもかゆみもなければ心配ありません。もし、ブツブツがだんだん大きくなるようだったら、一度、泌尿器科(ひにょうきか)でみてもらってください。

まっすぐでなくていいとわかってよかった。

> **Q** チンコが小さいので女子にきらわれるんじゃないかと心配です。日本人のペニスの長さは平均15cmって本当ですか？

A ペニスは20歳(さい)くらいまで成長するので、20歳になったら、ぼっ起したとき、ヒモを使って長さを測ってください。そのとき5cmなかったら泌尿器科(ひにょうきか)に行ってください。なぜ5cmかは女子のからだの話を読んで考えてみてね。トイレで並んだとき、となりの人のペニスは目の錯覚(さっかく)で大きく見えるし、インターネットのアダルト映像などは修正してペニスを大きくしていたりするので、そういうものとくらべて心配する必要はまったくありません。

女子にきらわれるかって、セックスのときのことでしょうか？それなら安心してください。女子が気持ちよく感じるのはクリトリスですから、ペニスの大きさとは関係ありません。ワギナ（膣(ちつ)）は赤ちゃんの産道にもなるので、入り口付近以外は感覚がほとんどないのです。それに、セックスはおたがいが信頼(しんらい)しあって触(ふ)れあうことで気持ちよく感じるものなんです。

> 20歳まで男性器は成長するってわかってよかった。大きさで優劣(ゆうれつ)を決めることはないことも。

> **Q** 大事な部分にボールが当たったらすごく痛かったです。なぜあんなに痛いんですか？

A 痛みはからだからのSOSです。とても痛いのは、その部分が大事なところだからです。あなたも「大事な部分」と言っていますね。女子の卵巣(らんそう)のように守りやすいからだの中にあるのではなく、外へ出ているのにはわけがあります。男子の精巣(せいそう)は、体温より2〜3度低い状態でよく働きます。インフルエンザなどで高熱が出たときに、いんのうのしわが伸(の)びてだらんとするのは、精巣を高温にしないためです。体育などが終わったらサポーターをすぐに脱(ぬ)いだり、寝(ね)ているときは精巣が体に密着しやすいので、ゆったりとしたパジャマがよいですね。

　精巣でも、夜中の12〜2時をピークに成長に関わるホルモンがたくさん作られています。

> なるほど。下着も風通しのよいものを選んだほうがいいということですね。

Q 寝ているときに、くさくて、へんな液体が出てくることがあります。解決法がありますか？

A それは精液です。寝ているあいだに射精がおきることもあって、それを「夢精」と言います。精子をつくるおとなのからだになった証です。心配いりません。下着のよごれた部分をあらって、洗濯機に入れればOK。夢精が気になるなら、自慰（マスターベーション）をして、精液を外にだしておいてもいいのです。

おねしょかと思って不安でした。対処法がわかってよかったです。

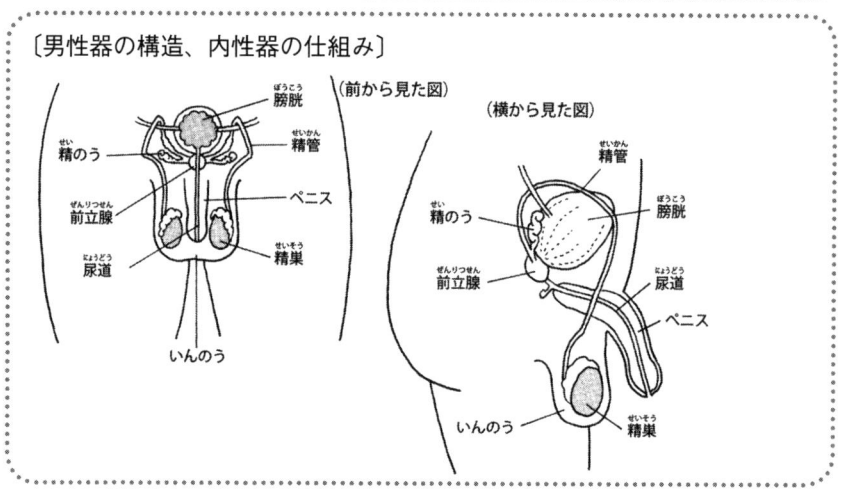

> **Q** 最近、精液が透明になってきたんだけど、大丈夫ですか？

A 一回に出る精液の量は小さじに一杯くらいで、精子は1〜10％含まれ、5千〜3億入っていると言われています。残りは前立腺や精のうからの分泌液で、精子に栄養をあたえ、殺菌作用や乾燥をふせぐなど、精子を守っています。精液が白く見える理由は、いろんな説がありますので、色の変化について一般的にお話するのはむずかしいですが、自慰の回数が多いと透明に見えることもあります。

心配なら、数日間、自慰をやめて色を確認してください。もし、気になるようなら泌尿器科で診てもらいましょう。

自分のからだなのにとっても不思議です。

> **Q** ちん皮がむけないけれど、ホーケーって手術しなければならないんですか？

A ペニスの皮（＝包皮）は、先（＝亀頭）のほうまでかぶっている人がほとんどです。この状態を包茎といって、敏感な亀頭部分を守っているので、とってもいい状態なんです。だから、包茎＝OK！です。ただ、ここにはよごれがたまりやすいので、洗うときは、包皮を自分のほうにたぐりよせて先を出し、両手に石けんを泡立てて、やさしく洗ってください。包皮が動きにくい時はむりせず、痛くないように少しずつたぐりよせてね。毎日やっているうちに包皮がのびてきます。そして洗った後は、包皮をかならず元のようにもどしてください。なぜって、ペニスは１日に何回もぼっ起しているから、そのままにしておくと、ぼっ起したとき血液が先のほうに行かなくなって、紫色にはれあがって病院にかけこむ人もいるんですよ。笑いごとではありませんね。

　包茎は、ぼっ起するたびに痛みがある人以外は、手術をする必要はまったくありません。インターネットなどで「手術をしないとセックスができない」なんて書いてありますが、あれはウソです。人を不安にさせてお金もうけをしようとする人たちがいるんですから、困ったものです。でもどうしても心配なら、泌尿器科に行ってみてもらってもいいですよ。保険がつかえます。

男子の悩み　31

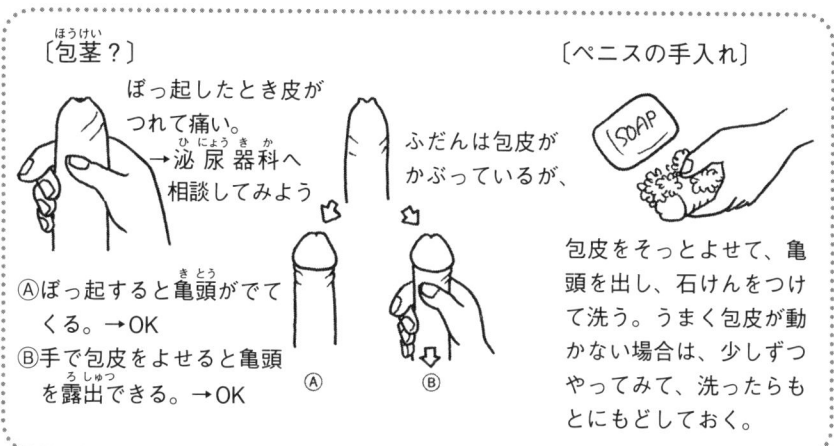

包茎はOKなんだなぁ〜、と安心した。性器の洗い方もはじめて知った。ためになりました。

> **Q** インポについて教えてください

A インポとは、インポテンツ（ドイツ語）を短くしたもので、「ぼっ起不全、ぼっ起機能障がい（ED）」とも呼ばれています。ぼっ起しようとしてもしにくかったり、したままでいられないという問題がある状態です。年齢にかかわらず、精神的なことや、糖尿病や心臓病、お酒やタバコが原因になることもあります。若い人だと、布団などに強く押しつけて自慰をするのが原因で、やさしい刺激ではぼっ起しなくなることもあります。自慰は、自分の手を使って、やさしいピストン運動で刺激するのがよさそうですね。

> 自慰の正しい方法をはじめて知った。まちがっているヤツが多いかも。

男子の悩み　33

> **Q** ぼくや周りの男子は、性についてやたらと知っていたり興味を持っています。女子から「いやらしい」と言われます。

A 性について興味があるのは、思春期の発達が順調に進んでいる証(あかし)です。女子も、性的な関心や衝動(しょうどう)というのはあるのですが、男子よりもゆっくり発達します。たとえば一つのめやすとして、19pと同じ新しい全国調査では、女子の自慰(じい)の経験は、中学生では10％ほどですが、大学生では40％くらいになります。男子はそれが早いだけなんですが、精神的な発達と性的な興味とのアンバランスがあって、女子には、男子の言動が不愉快(ふゆかい)に思えるのかもしれませんね。性衝動を自己コントロールする方法には、運動で解消する、一生(いっしょう)懸命(けんめい)になるものを見つける、自慰をする、などがあります。

それから、いやがっている人がいるのに性的な話題を大きな声で話すのはセクハラです。興味があるのはOKだけど、小さな声で話しましょう。

> 女子のほうが性的な興味があとからわく、というのは不思議だと思った。あと、ぼくは下ネタなどたくさん言っていたので、これからは気をつけていこうと思う。

> **Q** 中2の女子です。胸にしこりがあります。それにちょっと物が当たっただけで痛いです。もしかして乳ガン？？

A 思春期の胸のしこりや痛みは、乳腺（にゅうせん）が発達していく過程でよくでるもので、ほとんどガンではありません。でも、18歳（さい）をすぎてもしこりがあったり、だんだん大きくなるようだったら、婦人科でみてもらいましょう。乳ガンを発見するために自分で確認するのはとても大切なことです。ふだんの状態を知っておくと、しこりができたときに発見しやすいです。

あと、男子にも乳首があるのを不思議に思ったことないですか？これはもともと同じからだの元から出発したからなんです。だから男子にも乳腺があり、女性ホルモンもあるから、思春期に少し胸がふくらんだり、物が当たると痛いことがあります。でも心配いりません。思春期が終わったらおさまります。また、乳ガン患者（かんじゃ）の1％が男性です。だから男性も自己検診（けんしん）は大切ですよ。

> じつは、中2の男子ですが、右の乳首にしこりがあって、寝返（ねがえ）りしたときや身体を洗ったりして触（ふ）れたときに痛くて病気かなと不安でした。病気との見分け方を教えてもらったので、ホッとしました。

> Q どうすれば胸が大きくなりますか？　牛乳を飲む、マシュマロを食べる、もむ、ジャンプする、ブラをつけるのうち、正しいのはどれですか？
> あと、寝(ね)るときブラをしたほうがよいんですか？
> つけて寝ると胸が育たないですか？
> どっちですか？

A いろんなウワサがあるんですね。どれも本当と言えないと思いますよ。体型は遺伝的なものが大きいです。でも、胸も筋肉だから鍛(きた)えると発達することはたしかです。私は前に配送の力仕事をしていたんですが、やめたら、2サイズ胸が小さくなりました。だから、ペットボトルをダンベルがわりにして、毎晩鍛えると、きっと胸のサイズは大きくなると思います。高校になっても成長するだろうし、子どもを産むと、確実に大きくなります。

　夜は、ぐっすりねむれないと胸だけでなくからだ全体の成長に影響(えいきょう)があるから、ゆっくりやすめるかっこうで寝るとよいと思います。

> やっぱりまちがった情報ばかりだったんですね。早めに寝て、健康的な生活をするのがよさそう。

> **Q** 胸が大きいほうがもてるし、しあわせになれるでしょう？

A どうしてそんなふうに思うんですか？　だれにそう思わされてしまったのかしら？　バラエティ番組やマンガやアニメをみていると、そういうまちがったイメージがばらまかれていると感じます。どうしてそういう情報を流すかというと、お金もうけに関係があるからです。豊胸(ほうきょう)手術を受けさせたり、高価な下着を買わせたりしようとする人たちがいるからです。胸ばかりがやたら大きい女性のキャラクターって、からだのバランスがとれていないし、現実的ではないと思いますよ。

> やっぱり男の人は胸の大きい人が好きじゃないかと思うけど、私も信じこまされているのかな。

> **Q** 性器の間から、なにかわからないものがぴらんと出てるんですけど、前から不安に思っています。それから３つの穴があるって、どういうことですか？

A それは小いんしんです。びらびらして見えることもあるし、左右の長さがちがうことも多いです。やせているひとは太ももが細いから、両足の間があいて、ほかの人より目立つ場合があります。３つの穴の口は前から、尿が出るところ（尿道口）、月経血や赤ちゃんが出るところ（膣口）、便がでるところ（肛門）です。

ワギナ（膣）は普段はピッタリと口を閉じていますが、赤ちゃんが生まれるときになると直径10cmくらいに開きます。長さはその人の中指くらい。背中のほうに少しななめになっているのでタンポンを使う前に確認してください。自分の性器は、鏡で観察しておくといいです。床に鏡をおいてまたぐと、観察できますよ。

> えー、自分の性器を見るなんてはずかしい！　信じられません。

A どうして？　自分のからだの一部なのに、見たことがないって変だと思いませんか？　性器も自分の一部だから、自分で知っておくことが大事です。

　なぜそんなことをするのかって？　見ることで、もっと大切にしようと思えるようになります。それから、毎日、鏡で顔を見ていれば、「今日は顔色がわるいな」「ニキビができかけているな」とか、変化がわかるでしょう？　それと同じことで、病気を早めに発見できるんです。痛いとか、かゆいとか思ってから初めて見ても、普段（ふだん）とのちがいがわかりません。定期的に性器を鏡で見る習慣をつくってくださいね。

> 自分の性器を見るなんて思ったこともなくて、びっくりした。でもよく考えてみれば、形も知らなかったら、ちゃんと洗えないし、抵抗（ていこう）はあるけど、自分のためにも見なくてはいけないと思いました。

> **Q** 最近おりものが多いです。でも、まったくでない日もあります。これって正常なんですか？

A おりもの（膣分泌液）というのは、涙と同じ働きをしています。涙は、目を清潔にして、うるおいを保っていますね。おりものは、弱酸性で殺菌力があるので、ワギナ（膣）を清潔にして、しっとりとさせています。ごみが目に入ると、洗い流すために涙があふれるように、ワギナにバイ菌などが入ると、洗い流そうとしておりものの量が増えるわけです。だから、あなたのようにおりものをしっかり観察するのは大事なことです。2〜3日で量がもどれば安心していいけど、ずっと量の多い状態が続いたり、血が混じって茶色くなったり、膿がまじって緑色になったり、ヨーグルト状に白くモロモロした状態になったときには、婦人科を受診してください。

　ついでに性器を清潔にしておくことも知っておいてください。大いんしんと小いんしんの間はよごれがたまりやすいので、両手に石けんを泡だててやさしく洗いましょう。クリトリスはもともとペニスと同じ部分だから、ぼっ起もするし包皮もあります。包皮との境目もよごれがたまりやすいのでしっかり洗いましょう。でも、ワギナと尿道口は、お湯でさっと流すだけでOKです。とくにワギナは自浄作用があるので、石けんを入れたりシャワーを強く当てたりして洗うことはありません。逆に洗いすぎないほうがいいんです。

40　女子の悩み

> 何も知らないままだったらいつまでも不安だった。なんだか肩(かた)の荷がおりた気分。

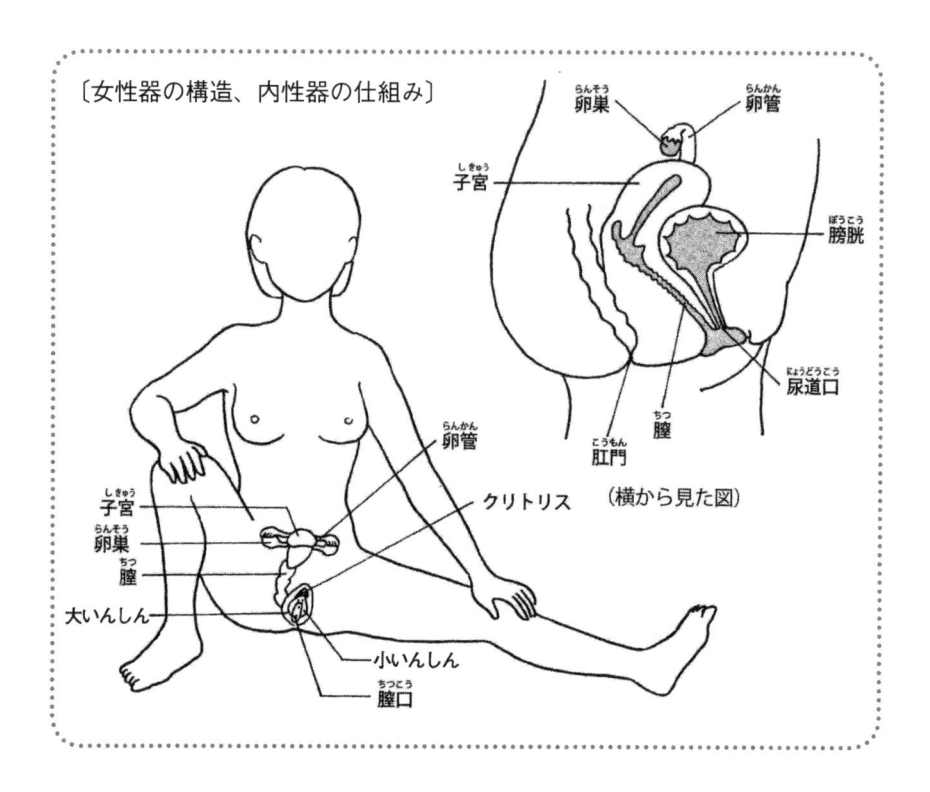

〔女性器の構造、内性器の仕組み〕

卵巣(らんそう)
卵管(らんかん)
子宮(しきゅう)
膀胱(ぼうこう)
尿道口(にょうどうこう)
肛門(こうもん)
膣(ちつ)
（横から見た図）

卵管(らんかん)
子宮(しきゅう)
卵巣(らんそう)
膣(ちつ)
大いんしん
クリトリス
小いんしん
膣口(ちつこう)

> **Q** 生理が5か月以上きていません。病院にいくべきですか？

A 月経が始まってから5年くらいは、周期が安定しないことも多いので、定期的にこなくても、量が少なくても心配はいりません。自分の月経の周期に注目することは、とてもよいことです。

月経は、子宮の内膜の寿命がきて入れかわるために起こるので、細胞が寿命どおりに入れかわるのは健康の証なのです。月経を手帳などに記録すると、次の月経を予想できるし、健康管理にも役だちます。もし、5年すぎても不定期だったとしたら、月経記録を持って、婦人科に一度行ってみてください。

でも、5か月はちょっと長いですね。もし、あなたがダイエットをしていたり、スポーツの練習をしすぎているとしたら、からだからのSOSかもしれません（13、60pも見てね）。それから、セックスをしたならば妊娠の可能性があります。薬局で妊娠判定薬を買ってたしかめて、妊娠だったら身近なおとなにすぐに相談して、婦人科を受診してください。

> ちょっとこわいけど、病院にいこうと思います。

> **Q** 生理が長くつづきます。病気ですか？ それに生理痛がひどくなってつらいです。
> さらに、ナプキンをこまめにかえても肌が荒れて困っています。

A 月経の長さは、3〜7日だったら大丈夫です。ダラダラ続いた場合、一番心配なのは貧血です。貧血になると、思春期のからだの変化への影響だけではなく、心臓などにも影響が出てくるから、まずは保健室に相談に行ってみてください。

　月経（生理）痛ですが、細胞の入れ替わりで内膜を押しだすために、子宮がちぢんで痛みがでたり（陣痛がおきる仕組みと同じ）、子宮口は針の穴くらいだから、内膜が通るときに痛みが出ることがあります。だから多少の痛みは心配いりません。ただ、ひどい場合はからだからのSOSかもしれません。卵巣がからだの中にあるのは、精巣とは逆に温いとよく働くからです。同じように、子宮も温いとよく働くから、まずは温かくしてみましょう。そして、血行をよくするためには、適度な運動も効果的です。部屋でリラックスをして、ストレッチなどをして、おなかまわりの緊張をほぐしましょう。それでも収まらないときは、カルシウムやマグネシウムの不足からくるSOSかもしれないので、ホットミルクに大さじ1杯のココアか、きなこを入れたものを、毎晩マグカップに1杯飲んでみてくださ

い。3か月くらい続けて効果をみてね。からだからのSOSをしっかり受けとめて、まずはできることをやってみましょう。

　それでも痛みがひどいときには、婦人科に行って調べてもらいましょう。ほかに原因がなかったら、痛み止めの薬について相談してください。飲むと決めたら心配しすぎないでね。痛いのをがまんするより、月に1、2度なら薬を飲むほうがからだによいと思いますよ。

　それから、肌荒れのことですが、ナプキンには水分をよく吸収する高分子ポリマーが使われているので、肌に必要な潤い分まで吸ってしまうせいかもしれません。月経の量が少ないときは、肌にやさしい布のナプキンを使うといいと思います。布ナプキンは、インターネットでも買えるし、自然食品店などにも置いてあります。いろいろな種類があって、使いごこちもやさしいですよ。

〔月経の仕組み〕

1　卵巣の中の卵子が成長してくる。

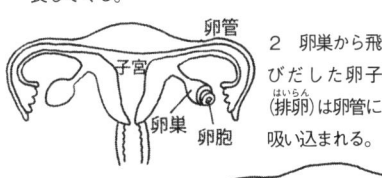

2　卵巣から飛びだした卵子（排卵）は卵管に吸い込まれる。

3　卵子は子宮に向かって少しずつ移動する。子宮では内膜がふんわりと厚くなって受精卵をまつ。

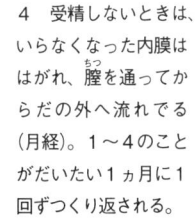

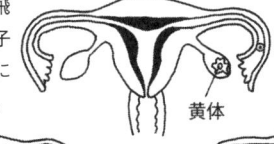

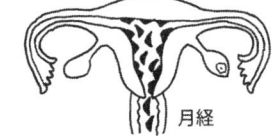

4　受精しないときは、いらなくなった内膜ははがれ、膣を通ってからだの外へ流れでる（月経）。1～4のことがだいたい1ヵ月に1回ずつくり返される。

　ずっと生理痛がひどくて悩んでいたので、対処法をためしてみます！　布ナプキンもさがしてみます。

> **Q** どうして女ばかりが生理や出産で苦しまなければならないのでしょう？　不公平だと思います。

A たしかに月経は痛みだけではなく腰を重く感じたり、月経前症候群と呼ばれるイライラや頭痛を伴う人もいます。でも、月経がおこるホルモンのリズムによって、女性のからだは守られているんです。肌に潤いや髪にツヤをあたえたり、平均寿命は女性のほうがかなり長いでしょう？　これは、生物としての生命力が強いからなのです。いやだなと思ったことを表現することは大切だけど、そればっかりではなく、よい面からも見て、自分のからだをかけがえのないものとして大切に思えるようになったらいいなあと思います。私はからだのことを学んでいったら、本当にうまくできているなあ、と、自分のからだを少しずつ好きになることができました。この本があなたの役にたつといいなと思っています。

> 「女の子って損！」だと思ってたけど悪いことばかりじゃないと思いました。

Ⅱ からだとこころ

> **Q** ちょっとしたことでイラついたり、ムカついたりしてしまいます。思いどおりにいかないことがいっぱいあって、人にあたって、そのたびに落ちこみます。

A 思春期というのは、気持ちの揺(ゆ)れが大きい時期なんです。そんな状態は、あなただけではありません。思春期のみんなの脳の中で起こっていることを、単純化して説明してみましょう。

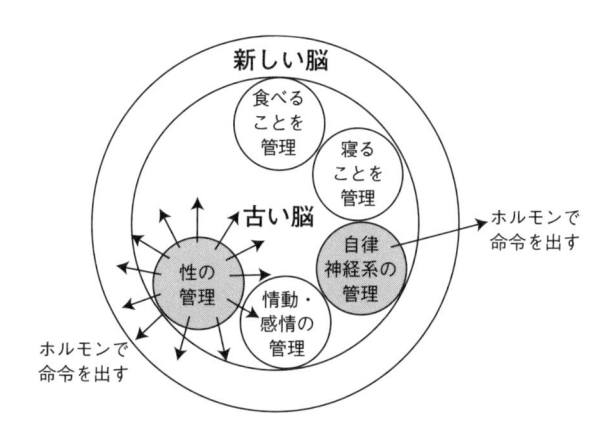

```
              新しい脳
         ┌─────────────┐
         │   食べる     │
         │   ことを     │  寝る
         │   管理       │  ことを
         │      古い脳  │  管理
         │  性の    自律         ホルモンで
         │  管理   神経系の      命令を出す
         │          管理
         │     情動・
         │     感情の
         │     管理
  ホルモンで
  命令を出す
```

　図のように、人間の脳は簡単に言うと2層構造になっています。中心部分が古い脳と言われ、食、睡眠(すいみん)、自律神経、感情・情動、性など、命を維持(いじ)していくために働いている部分です。その周りが新しい脳で、知識が記憶(きおく)されたり、複雑な思考をしたりします。

思春期は、性を管理している部分からどんどんホルモンが出るから、同じようにホルモンで指示を出している自律神経系を管理している部分が影響（えいきょう）を受けてしまいます。だから、貧血や起立性調節（きりつせいちょうせつ）障（しょう）がいが起きやすくなります。朝起きにくい、立ちくらみがする、午前中やる気がでない、というのはこのためなんです。つらかったら、「気持ちがたるんでいる」なんて思わないで、保健室で相談してみてください。

　それから感情を管理している部分も影響を受けるので、イライラしやすかったり、ムカついたり、ハイになったかと思うと急に落ちこんだり、気持ちが不安定になります。これもみんなにあたりまえに起こっていることなんです。むかしから、「思春期は嵐（あらし）」と言われます。

> 自分だけではないと知って、ちょっとほっとしました。

この絵の意味
自分の心の嬉しい時と悲しい時どちらも大切にして行こう！
っていう意味をこめました。

> **Q** こんな不安定な毎日、思春期が終わるまでがまんするしかないんでしょうか？
> イライラすると、氷を大量に食べてしまいます。からだに悪いですよね。

A もちろん、今できることもあります。

　自分のこころの状態を考えてみてください。私は、こころを「コップのようなもの」と思っています。こころのコップには、「腹がたつ、悔しい、イライラ、悲しい、つらい、自分はダメだ……」というような気持ちをある程度はためておくことができます。

　じゃあ、これがあふれたらどうでしょうか。水のように、おだやかにあふれでるのではなく、こころのコップの場合はバーン！　と爆発するように中身がとびだします。これが、「キレる」という状態です。爆発だから、気持ちをコントロールできなくて相手を傷つけることを言ったり、なぐるという行動になってしまうわけです。

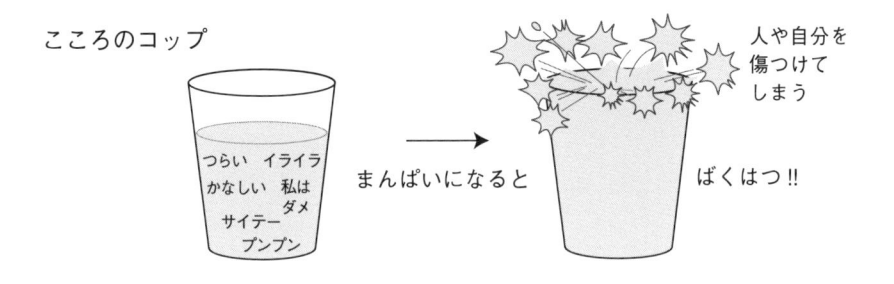

こころのコップ　　　　　　　　　　　　　　　　　人や自分を傷つけてしまう

つらい　イライラ
かなしい　私はダメ
サイテー
プンプン

→まんぱいになると　　　ばくはつ!!

だから、こころのコップに気持ちがいっぱいにならないようにすることが大事です。どうやるかですか？　気持ちを言葉で表現すれば、コップの外に出せます。こころの整理はそうやってできます。だれかに話して聴いてもらってもいいし、文字にするのもよいです。ノートや日記に書きます。だれかに見られるかも？　と不安な人は、紙に書いたら、ビリビリにやぶってゴミ箱に捨てればいいんです。やぶるのもストレス解消になりますよ。こころのコップを余裕のある状態にしておけば、突然のでき事にも対応できるから、意識して気持ちを外に出してください。

　氷を食べたくなるのは、頭に血が上ることが多いからかもしれません。興奮すると血行がよくなって熱も発生しますが、脳の中で発生した熱は頭蓋骨でおおわれているから逃げにくいんです。その熱を下げようと、氷が食べたくなるのかもしれませんね。でも、たしかに氷で内臓を冷やしてしまったら、働きがにぶくなるだけでなく、病気に対する抵抗力も落ちてしまいます。だから、氷枕などで直接、脳内の熱をとるといいですよ。私も脳が興奮しているなと感じたときは、寝るときに氷枕をあてています。ただし、肌に０度以下のものが直接触れないように注意してくださいね。

> 　こころのコップ、なるほどと思いました。いつも$\frac{1}{3}$くらいにしておくといいですね。紙に書くのはときどきやっていて、困ったことやこころがモヤモヤしているときに、思っていることを全て書くと、スッキリします。

> **Q** 人前で緊張(きんちょう)しないためにはどうしたらいいですか。顔が赤くなって、とてもはずかしいです。

A だれでも人前で話すときには緊張しますよね。人前であがらないためには、前もってシミュレーションすることをおすすめします。どんなふうに何を話すのか、頭のなかでイメージをつくって、なんどか練習をします。鏡の前でやってもいいです。するとわりあい本番はスムーズにいきます。これをくりかえすと自信がでてきて、落ち着いて話せるようになりますよ。

それと、顔が赤くなるのには理由があります。人の前で話すときは、からだもがんばろうと反応するからなんです。脳の中で、感情と自律神経系を管理する部分は情報伝達がすばやく行われます。

たとえば「怖(こわ)い」と感じる、つまり危機のときにすぐに指令を出して行動するためです。地震(じしん)が起こったら、その場で安全対策をとるか、逃(に)げるか、すぐ行動できるように心臓をドキドキさせて、からだのすみずみにまで酸素や栄養を送ります。すると血行がよくなるので顔が赤くなり、頭に血が上るように感じ、モノをつかみやすくするために手のひらに汗(あせ)がでます。

人によって皮膚(ひふ)の厚さなどでちがうけど、思春期は皮膚が未成熟でやわらかく薄(うす)いから、よけい赤く見えるんですね。成長とともに、赤みは少なくなっていきますよ。

ついでにいうと、もうだめだ、と思うくらい危機を感じると、心拍数(しんぱくすう)がおち、呼吸も少なくなり、体温も下がって血の気が引くから、手足の先が冷たくなったり、気絶したりします。だから、そんなときはむりをしないでSOSを出したほうがよいです。

> 顔が赤くなるのもからだを守るためなんだと知ってびっくりしました。

Q ぼくの悩みは、自分にとってまずいことになると小さなうそをついて、その場のがれをしてしまうことです。その場でごまかしたのはいいけど、後々もっと重くなって、自分にふりかかってきます。うそをつくのをどうやってやめればいいんでしょうか？

A あなたのような相談は、じつはけっこうあります。まず、うそをつくようになる理由ですが、たとえば、幼いころから失敗したときに、「だめな子ね」「なにをやってもうまくいかないのね」など、その行動だけではなくて、存在そのものを否定するようなしかり方をされることが多くはなかったですか？

または、成績があがったとか、お手伝いをしたとか、何かができたときだけ親に認めてもらったという記憶はないですか？

そういう経験が多いと自分を守るためにうそをつくようになってしまうんです。そして、まじめな人ほど、うそをついた自分を責めて、自分でも自分を認められなくなります。このような悪循環の中で、「わかっているけどやめられない」という状態になってしまうんです。

人は、何かができるから、何かを持っているから、生きている価値があるのではなく、どんな命もこの世に存在する価値があります。それを人の尊厳といいます。もうあなたはおとなに向かって変

化を始めているのだから、自分で自分をほめることにも挑戦してください。鏡に向かって、「よくやってるね」と自分をほめたり、お風呂で自分のからだをぎゅっとだきしめて「大好きだよ」って声にだして言ってみてください。

　あなたは、ひとりのかけがえのない大切な人です。「ときどき失敗もするけれど、自分ってまあまあの人間だな」と、自分を受けいれ、認められるようになることが、うそをつかないことにつながると思います。スクールカウンセラーさんなどにも手伝ってもらえます。もう、一人でがんばらなくてもいいんですよ。

> 少し楽になった気がします。クラブの先生が話しやすいので相談してみます。

> **Q** なみだもろくてすぐ泣いちゃいます。最近、精神的に弱くなっているのかな？ なぜ人は成長するにつれて、考えたり、悩(なや)むことが増えていくのでしょう。

A 最初にひとこと言わせてください。「だれでも泣いていい」。

泣くことは、脳の感情の部分を育て、判断力をつけるのに役だつんです。でも、泣きたくなった気持ちを、言葉で表現できるようにするのはよいことです。くやしい、悲しい、わかってほしい、不安、落ちこむ……。いろんな気持ちがこころのコップ（48p）にたまっているんじゃないかな？ 言葉にして伝えると相手にも気持ちをわかってもらいやすいです。

幼い子どもは、漠然(ばくぜん)と自分は何でもできるという気持ちをもっています。でも、成長するにしたがって、自分や周りのこと、現実も見えてきます。そうなると、思っていることと現実とのギャップも多くなるから、悩(なや)んだり考えたりすることは増えますよね。それは、こころがおとなに向かって変化している証拠(しょうこ)です。考えたり悩んだりすることが人を成長させる、とも言えるのです。人と話しあったり、だれかに相談したり、文字に書いたり、それらを暴力的でない方法で表現することで、深い人間関係をつくることもできますよ。

> **Q** 過去のことが、なんか、忘れられない。いろいろ、ごたごたしてしまいます。

A 忘れられないってしんどいですよね。

本来、人は、寝ている間に経験したことを整理して、記憶に収納し、過去のものとして手放していく作業をしているんです。でも、とてもつらいことや大きな不安は、ねむっただけでは整理できなくて、あなたのように忘れられなくてつらくなったりします。

そういう場合は、むりして忘れようとする必要はないのですが、一人でかかえていると、こころのコップがいっぱいになってしまいます（48p）。だから、勇気をだして、信頼できる人に相談してみてください。

何年も前のことを思い出してつらいようだったら、なおのことです。そのときのつらさを自分でかかえこんできてしまったために、かたまりとなって残っているのです。ほぐして落ちつかせる方法を教えてもらいましょう。

> いじめを目撃して、ずーっと忘れられませんでした。つらかったです。このごろねむれなくて変でした。相談にいってみます。

> **Q** 友だちがリストカットしています。手首の傷が見えました。「だれにも言わないで！」って頼(たの)まれたんだけど……。

A 相談してくれてありがとう。友だちのこと、心配ですよね。あなたもどうしてよいかわからないことをかかえて、さぞ苦しかったことでしょう。

　リストカットは、「そんなことやめたほうがいいよ」と言うだけでは解決しません。自分で自分を傷つけてしまう（自傷(じしょう)）のは、何かつらいことがあって、耐(た)えきれないこころの痛みをからだの痛みでまぎらわそうとしていることが多いんです。

　それから自傷をすると気持ちが落ちつくのには、理由があるんです。私たちのからだが傷ついたときに、痛いと感じるのはからだからのSOSです。からだが傷つくような危険な状態にいるから、早く逃(に)げろって知らせています。そして次は、走って逃げられるように、痛みをやわらげる物質が出ます。その物質がこころのつらさも少しやわらげてくれるんです。さらに、だんだんとその物質をたくさん出したくて、切り方が深くなって、命の危険にもつながることがあります。

　自傷を止めるためには、つらいことへの手当てと、自傷にたよっているという自覚が必要です。「そうしたくなるくらいつらいこと

があったの?」って、まず気持ちを聴(き)いてあげてください。

でも、友だち同士で解決するのはむずかしいことが多いので、信(しん)頼(らい)できるおとなに相談してほしいです。

「私もついていくから相談にいってみよう」って、すすめてみてください。それから、話を聴いたらあなたもつらくなると思うので、電話相談やスクールカウンセラーさんに気持ちを話してください。

> 友だちのことが心配だけど、逃(に)げたいという気持もあって、私って冷たいんだとおちこんでました。相談してホッとしたので、友だちにもすすめます。

> **Q** 今の中学では守ってくれた友だちがいたからよかったけど、高校に行ったらまた小学校のときみたいにいじめられるんじゃないかと、夜、ねむれないし、朝も起きられない。受験があるのに勉強に身が入りません。

A もしかすると、いじめの報道などがきっかけになって、昔のつらい想いがよみがえってきたのかもしれませんね。守ってくれる友だちができたのは、あなたがそういう力をもっている証拠です。もう小学校のときとはちがいます。少しずつ「今も大丈夫だし、きっとこれからも大丈夫」って思えるようになりますよ。

　とてもつらい体験というのは、忘れたつもりでも、例えて言うとこころに冷凍保存されているから、よみがえることがあるのです。とてもつらい経験を冷凍してしまうのは、こころが自分を守るためにすることだけど、固めただけだから、何かのきっかけで解けだしてきます。このときのこころの手当ては、スクールカウンセラーなどの専門家に手伝ってもらうことが必要です。

　ねむれなくなると、昼夜逆転して、それだけでからだの調子がくるったり、気持ちが落ちこんできたりします。まずは自分で睡眠のリズムの取りもどしにトライしましょう。

　体内時計は1日を25時間とかんちがいしているらしいですよ。

だから、それを24時間にリセットしなければなりません。

　朝は、学校にまにあう時間に起き、外に出て太陽の光をあび、それから朝ご飯を食べると、体内時計がカチっと確実にリセットされます。

　夜は、光の刺激(しげき)（とくにゲーム、テレビ、PCなどのチカチカするもの）を少なくして、ねむれなかったら本を読むなど静かにすごしてみましょう。そうやっても3週間以上ねむれない状態がつづくようなら、「睡眠障がい(すいみんしょう)」という状態になっているかもしれないので、睡眠についてくわしい医者に相談してください。思春期の睡眠障がいは、短期間できっちりと治すことができますから心配しないで。

> ねむれないからついスマホ、見てました。それで不安が大きくなってた気がします。

Q ダイエットがうまくいっていたのに、最近、食べだすと止まりません。食べたあと不安になって吐(は)いてしまいます。

A 自分で食事や運動をコントロールして、確実に体重が減っていくのを見るのは爽快(そうかい)な気分ですよね。しかも、まわりからうらやましがられることで、認められたと思えるしね。

でも、あなたは今、「食べる」ということに振(ふ)り回されているようですね。

毎日のたいていのことは、周りの人と関係づくりをしながら、まあこんなものかな、と折りあいをつけてすすめていきますよね。だから、自分の思うとおりにできるってことはあまりありません。

でも、ダイエットなら、結果が見えやすいし、自己コントロール感や自信を感じられるから、はまってしまうことがあるんです。ほかのことがうまくいかないって想いが強いほど、やめられなくなりがちです。

あなたは過食症(かしょくしょう)になりかかっているかもしれません。それとはちがって、食べられないという状態になる人は、拒食症(きょしょくしょう)といって、やせほそって亡くなった人もいます。拒食症を発症してる子どもは、小6で1000人に1人、中3で190人に1人（2012年）という調査結果もあります。

あなたが食べだすと止まらなくなるのは、「もっと健康に生きたい」というからだの叫びです。もし、月経がなくなったら、卵巣が健康に働いていない証拠です。肌が荒れたり、毛が大量に抜けたり、骨の密度も減り、将来、子どもが産めなくなる危険もあります。
　勇気をだして、まずは保健室かスクールカウンセラーに相談してみてください。きっと助けてくれます。

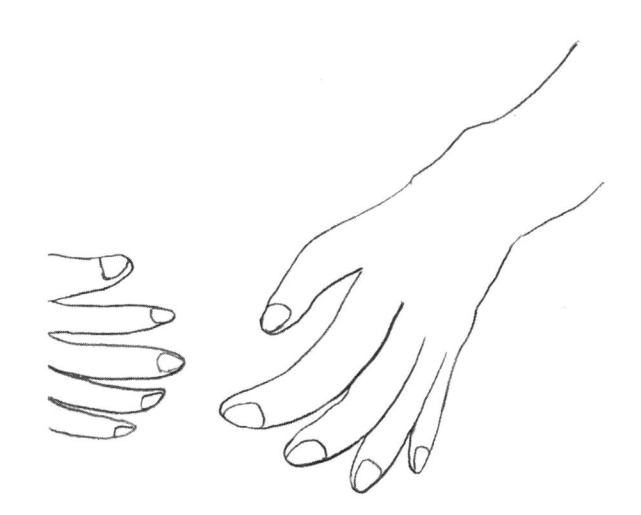

> **Q** ときどき、死にたいと思うことがあります

A それくらいつらい気持ちをかかえているんですね。そんな想いを伝えてくれてありがとう。伝えてくれたのは、なんとかしたい、私は生きていたい、って思っているからですよね。

　悲しい、イヤだ、つらい、と思ったときにできることは、１番目に「いや」と言うこと。つらい原因に「いや」と言えますか？　「言えればこんなに悩まない」という声が聞こえてきそうだけれど、「いや」とは言えない、と思いこんでいる場合もけっこうあるんです。

　２番目に「離れる」こと。人間関係なら距離をおくことです。委員などの担当を代わってもらうとか、その場所から具体的に離れるんです。たとえば学校で起こるならしばらく休みましょう。これも、「私がやらなくてはならない」とか「ぜったい休めない」と思いこんでいる場合が多いです。でも、一番大切なのはあなたの命。あなたのこころとからだ。それを守るためなら、そこから離れて逃げてもいいんです。

　ただ、１も２もできない場合もあります。３番目には、だれかに相談する。「周りの人に話したらどう思われるだろう」、「周りの人に心配かけるんじゃないか」という不安もあるでしょう。電話相談にまずは話してみるのもよいです。そうして、気持ちを言葉にすると、少し落ち着いて、１や２の具体的な方法を試せるようになるこ

とも多いんです。

:::: 電話で相談できます
◆チャイルドライン（18歳まで）　　0120 － 99 － 7777（月〜土16 〜 21時）
::::

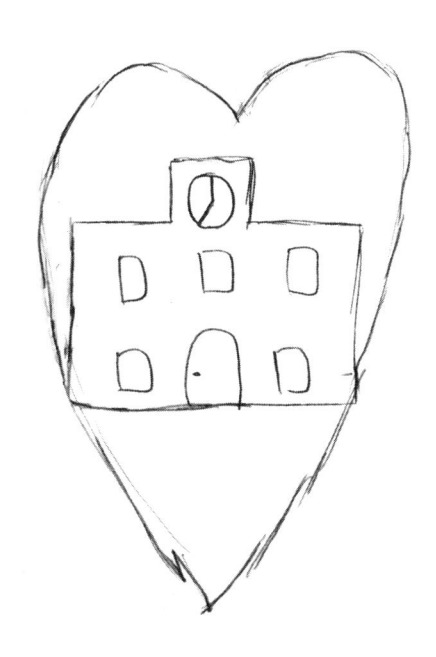

Ⅲ 恋愛・性・多様性

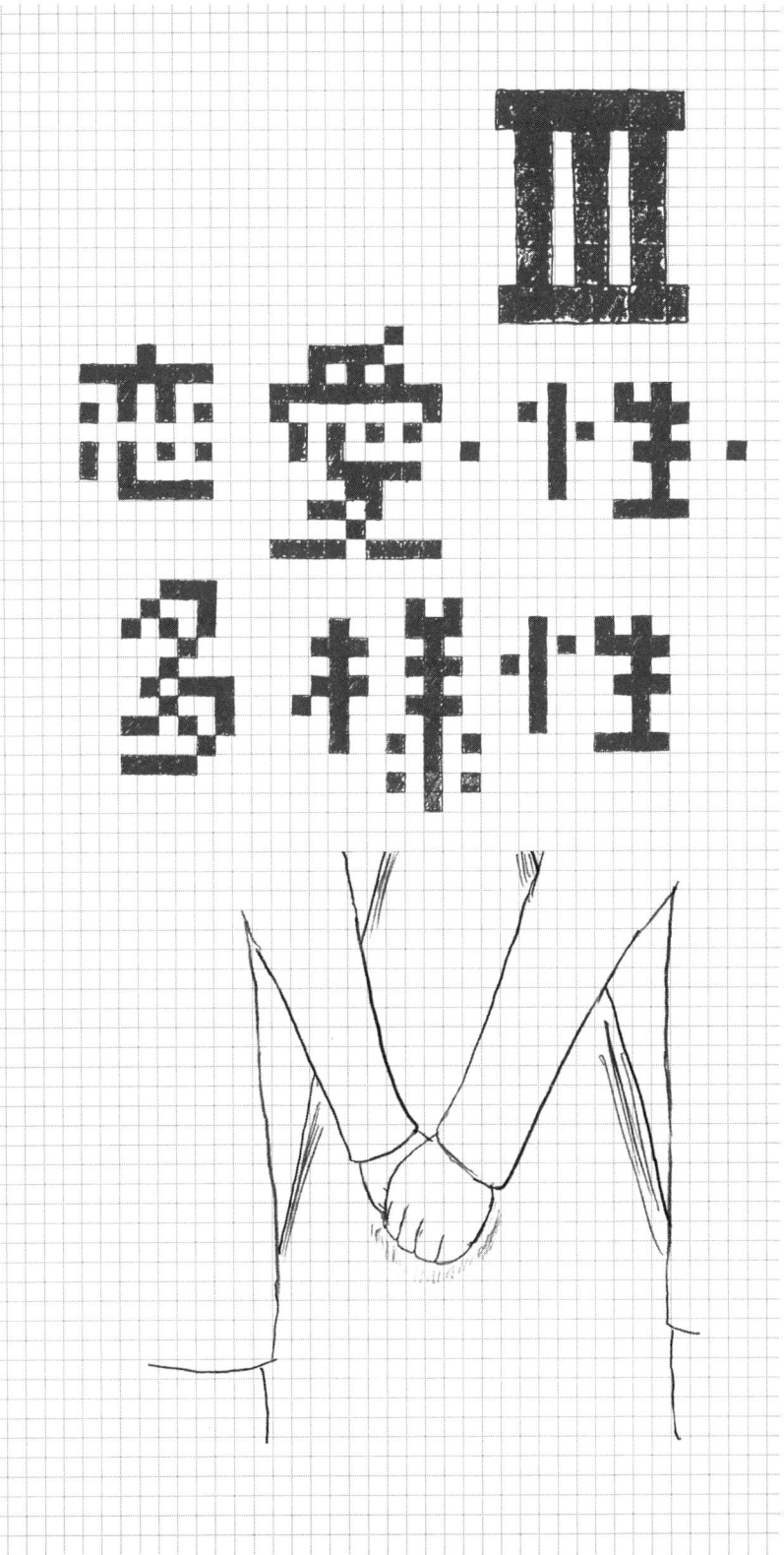

> **Q** 好きな人ができると心臓がバクバクするのはなぜですか？

A ドキドキするのは、当然のことなんです。

　人類が出現して何百万年の間、今のように人がたくさん集まることはなかったから、好きな人と出会うって貴重なこと。すぐに走っていって告白しようという衝動(しょうどう)にかられるから、からだのすみずみまで酸素や栄養素を運ぶために、心臓が活発に動きはじめるんです。だからドキドキして、血行がよくなるから顔も赤くなるし、頭もカーっとします。

　「こころとからだがいっしょになってガンバロー」って言っているんですよ。じつはこれって50pの危機のときと同じ反応です。

> 動物的な反応なんだ。でも「すぐに告白」なんてできないよ。

> **Q** 女の気持ちがわかりません。「女子は好きな人とつきあったら、いっしょにいるだけでうれしいと思うのに、なぜ、男子は女子とつきあう＝性のことを考えるの？」と聞かれました。
> 男女の考え方には差があるのでしょうか。

A 男・女って一般化(いっぱんか)しないほうがよいと思います。男性でも性に関してあっさりした人もいるし、女性でも性に関心が高い人もいますよ。ただ、10代では、男子の性的興味のほうが早く発達するので、今の段階では、男子のほうが女子に性的興味が強くあるように見えるかもしれませんね。（33ｐも見てね）

　でも、どう思っているのかは、その人に聞いてみなければわからないし、私は、男と女で考え方に決定的に差があるとは感じていません。一般的には……と考えるより、知りたいと思うその人といろいろ話してみるのがよいと思います。その人をより理解できるようになるし、話しあうことでちがいが見えてくれば、相手も理解してくれる部分がでてくると思います。

> ちゃんと話しあってみます。もっとなかよくなれるといいです。

> **Q** もし友だちと好きな人がかぶったらどうすればいいですか？

A 恋愛（れんあい）に関してはまだ初心者と言っていい段階だから、必要以上に異性を気にして、友だちも巻きこんでギグシャクすることはよくあると思います。友だちが「大好きだ、すてきだ」と連日言っていたら、自然にその人に視線が向くようになるし、気が合う友だちなら恋愛の好みが似ていてもおかしくないと思いませんか？

いろいろ不安は大きいと思いますが、人の組み合わせによってうまくいく場合も、うまくいきそうだったけどだめだったという場合もあります。相手のあることなので、こうすればOKということはありません。

同じ人を好きになって、相手がどうしたいか耳を傾（かたむ）けて聞くこと、自分がどうしたいか素直に話すこと。どうしたいか、それぞれが決めていく。

そういう会話が、異性だけではなく同性との関係も深めていくと思いますし、悩（なや）むことや失敗も含めたその経験が、今後の恋愛や友情を育てるのに役立ちます。

> ホント、むずかしいです。

> **Q** どうやったら彼女と手をつなげますか？ 高校が離(はな)れるので、うまくやっていけるか不安です。

A マンガなどでは、話をおもしろくしたり、ドラマチックにするためにいろいろなかけひきのようなことが出てきたり、ドラマなどでもストーリーを作るために現実的でないことがたくさんでてきます。実際には、むりして演技しても長続きしません。

相手のあることだから、こうすれば成功するという方法はないけれど、素直に「手をつないでいい？」と聞いてみたらどうですか？

高校が離れたら、どんなつきあいかたをしたいか、自分でいろいろ考えて、相手とも話して、ふたりにあった方法を見つけていってほしいです。

聞いてみたらいいんだけど、なかなか言いだせません。

恋愛 69

> **Q** 異性に興味がないのですが、将来、いろんな意味で大丈夫ですか？

A 大丈夫とか、変とかいう問題ではありませんね。今、恋愛が一つのブームになっているので、恋をしていないと自分の価値がないように感じる人がいるみたいですが、そんなことはまちがっていると思います。ときめく相手と出会っていないのかもしれないし、今は興味がそっちに向いていないということもあります。それに、異性が好きでもいいし、同性が好きでもいいんですよ。なかには一生、性や恋愛に興味のない人もいて、「アセクシュアル」とも呼ばれているので、そういう人はけっこういるということですね。

　人とくらべる必要もないし、同じでなくてはいけない、と思う必要もまったくないです。

> ちょっとほっとしました。

> **Q** 好きってなんですか？ セックスって何の意味があるんでしょうか。男と男、女と女のカップルってありですか？

A「好きってなに？」ということは、気持ちなので人によってちがうと思いますが、相手のことをもっと知りたい、いっしょにいたい、そして自分のことを知ってもらいたい、たがいに大切にしたい、と思うことでしょうか。

「セックス」という言葉にはいろんな意味があります（82pを見てね）。あなたが使ってる「セックス」は精子と卵子を合体させて子どもをつくるための行為(こうい)だと思うけど、そのために好きという感情や、性欲が生まれたのだと思います。それで、思春期になって子どもをつくれるからだに成長すると、「好き」という気持ちや性衝動(せいしょうどう)もぐんと大きくなってきます。でも、こういうふうに理屈(りくつ)ではわかっていても、「好き」という気持ちは本当にふしぎですよね。世界が変わって見えるほど強烈(きょうれつ)なことも多いです。

ただしこれにも、個人差があるので、「結婚(けっこん)はしない」「子どもはつくらない」人生ももちろんOKなんです。いろいろな動物は、育てやすい季節に赤ちゃんが生まれるように、セックスできる期間（発情期）が決まっていて、たいていはとても短いです。パンダだと2〜3日間です。ところが人間は年中セックスできます。つまり、

セックスが子孫を残すという行為から少し離れているってことですね。じゃあなんのためというと、相手のことをよく知りたい、いっしょに楽しい経験をしたい、そのことを通じて相手との関係を深めたいと思うからではないでしょうか。

それから、男性で男性が好き、女性で女性が好きっていう同性愛の人は、10〜20人に1人くらいいると言われています。けっこう多い割合だと思いませんか？　このことも人間の特徴なんです。つまり、子どもをつくるためでないセックスを求める人も多いということですよね。

男女のカップルでも、セックスはしたくない、いっぱいおしゃべりしていっしょにいるだけで幸せっていうこともあります。いろんなカップルがいることを知って、自分に相手ができたときは、自分たちがどうしたいか、ふたりで話しあうと、関係も深まるし、相手を大事にできると思いますよ。

> マンガやインターネットだと、恋人はセックスをすぐするものだとなっていて、正直こわかったんですが、しゃべっているだけでいい、2人でいられるだけで幸せ、と感じてもいいことを知ってほっとしました。

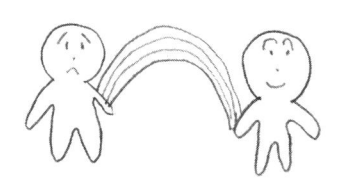

Q どういう人がもてると思いますか？

A 人の好みはさまざまなので、答えるのがむずかしいです。

ただ、人間関係を深めていくために、もっとも大切なのはコミュニケーション力ですから、自分が思っていること、考えていること、自分のよいところなどをアピールできて、相手の想いもしっかり聴けるような人は、恋愛のチャンスも多くなると思います。

それから、外見で「もてる」「もてない」が語られる傾向が強いけれど、外見だけではずっとつきあっていけません。内側の魅力って大切ですよ。

なにかに一生懸命になっている人ってすてきだと思いませんか？

> なかなかその人の中身に目がいきにくいと、自分をふくめて思います。でも、ほんとうはそうなんですよね。

Q 人はなぜ浮気するのか

A これはむずかしい問題ですね。まず、何を浮気と呼ぶのか、その線引きがむずかしい。結婚していない場合は、どの人とが本気なのか浮気なのか、精神的なものを重視するか、性行動を重視するか、人によって考え方もちがうでしょう。さらに、動機もさまざまです。だから、ここで短く答えられません。

ただ、たがいに好きならば、大前提はたがいを大切にする、尊重するはずですよね。相手がいやがることならしないのが基本です。話しあって、納得できなかったらパートナーを解消することになります。男は浮気をするのはあたりまえ、なんていう考えは少しちがうと私は思います。もし、あなたが両親のことで悩んでいるのなら、二人がどう考えているのかが大事です。なぜ結婚したのか、人生を共に生きることをどうとらえるのかなど、二人の考えと深く関わりあっています。浮気がすぐに離婚につながるとはかぎりません。離婚をするとしたら、経済的な問題や子どもの親権や養育、住む家はどうするかなど、なかなか簡単ではありません。でも、離婚もカップルの解消も、浮気のひとつの選択肢ではあるでしょう。

> **Q** 好きな人がいても、その人がどう思っているかわかりません。告白をしようと思ってもふられたら……と、考えてしまいます。

A 思春期をむかえて、恋愛(れんあい)に関してはスタート地点。とまどいや悩みはどんなに大きいだろうかと思います。好きになった相手が、同じように自分に関心をもってくれているかわからないということは、よくあります。とっても好きな相手にふられたら、自分の全存在を否定されたように感じてしまう人もいます。でも、恋愛においてそういう経験をするのはあなただけではありません。

もし、ふられて泣いたり落ちこんだりしても、だれかに気持ちを聴いてもらったり、友だちと出かけたり、毎日が過ぎていくなかでだんだんに立ち直ることができます。そして、次の出会いがちゃんとやってきます。

ここはむずかしいところですが、行動したら、その結果も引き受けなくてはならないので、自分でどうするか決めるのが一番です。

そして、恋人(こいびと)だけではなく友だちもそうだけれど、相手が「いや」と言うのをむりじいはできません。「いやと言っているのはウソで、相手は自分のことが好きなハズだ」と思いこんでつきまとうのは、「ストーカー」という犯罪行為(はんざいこうい)になります。「いや」と言われたら、悲しいけれどあきらめるしかないんです。

> **Q** なんでちょっと男女が仲よくなると、うわさをたてるんですか？　男女で仲よいのは恋人(こいびと)だけじゃないですよね。

A もちろん男女の親友もあると思います。気のあう友だちもいると思います。恋愛(れんあい)のことが気になっているから、人のことをからかったり、そういう話題をつくりたくなってしまうのだと思います。それに、おとなだって、週刊誌でしょっちゅう、芸能人のだれとだれがつきあっている、なんて記事を読んでいますから、「うわさ」するのは楽しいのでしょう。

でも、なんでもかんでもうわさをたてられて、異性と話せないというのはこまりますよね。つきあってもないのにうわさをたてられるのもね。だれかがやめようと言いだすまで続くので、「すぐにからかうのはやめて」と言ってみるのはどうでしょうか。同じように感じている友だちを探してみましょう。

> 別の中学の人にきいたら、うわさはたたないみたいです。うちの中学でもなくせるって思いました。

> **Q** デートDVのドラマを見たのですが、こんなことが本当にあるんですか？

A あります。高校生へのアンケートをまとめると、つきあった経験のある女子の3人に1人、男子の5人に1人が、デートDV被害にあったと答えています。じつは、デートDVはたくさん起こっているということがわかりました。

　私は、「NPO法人女性と子ども支援センター　ウィメンズネット・こうべ」の一員として、デートDV防止についての講演もしています。ドラマではなぐる蹴るという行為がDVの例として出てくることが多いのですが、ほかにもいろいろな手段が使われます。こころへの暴力はとくに気づきにくいので、何がデートDVか、みんなに知識として知ってほしいと思っています。

　暴力をふるうのには理由があります。愛があれば何でも許される、恋人だから自分の所有物のようにあつかってもかまわない、好きなら何でも言うことをきくべきだ、男はたくましいほうがいい、女はかよわいほうがいい、というような考えをその人が学んでいること、理由があれば多少の暴力はかまわないという、暴力を許す考え方が社会の中にもあることがDVにつながります。

　それから、DVは同性のカップルの間でも起こることがあります。あらゆるカップルの間でDVは起こる可能性があるのです。

だれでもどんな人をも、自分の所有物にしたり、思いどおりにすることはできません。相手を大切にしようとするなら、思いどおりにするのではなく、相手を理解しようとすることが大事ですよね。
　また、もし被害(ひがい)を受けている人がいたら、夫婦のDVの場合はDV防止法、デートDVにはストーカー規制法が使えます。各自治体にはDV被害者を支援(しえん)するセンターがあるし、民間の支援団体もあります。いざとなったら警察に飛びこんでもいいのです。
　身近に被害にあっている人がいるときは、「暴力を受けているあなたが悪いわけじゃない」「力になるよ」と声をかけて、地域の相談先を教えてあげたり、保健室にいっしょに相談にいこう、とさそってあげてください。

〔相談先〕
◆ウィメンズネット・こうべ　078－731－0324（月・水・金　10〜16時）

........チェックしてみましょう........
あなたの周りのカップルでこんなことはありませんか？
□　携帯(けいたい)をチェックしたり、相手の行動を制限する
□　好きならいいだろうと相手のいやなことをする
□　バカにしたり、どなったりする
□　たたいたり、けったりする
　　　　　　　　こんなことは全てデートDVです

ウィメンズネット・こうべ　啓発ポスターより

> **Q** 過去にデートDV被害の経験があるので、男の人が少し信じられないです。どーすれば信じられるようになりますか？

A つらい体験がある、と話してくれてありがとう。あなたが、男の人をもう信じられない、と思うのは、自分を守りたいという気持ちがあるからです。自然なことです。

　デートDVについて、本などで勉強してみてください。それと同時に、「つらかった」「こわかった」という気持ちを、だれかに聴いてもらうといいですね。スクールカウンセラーや電話相談（77p）を利用してもいいと思います。

　恋人だけではなく友人でも、おたがいを尊重できるような関係を築ける人と出会えるといいですね。そういう積みかさねが、男の人をまた信じてみようと思うことにつながっていくと思います。

> 学校の外の相談機関に電話するという方法もあるんだとわかりました。

> **Q** DVは男性側が原因とされていますが、女性がすじの通っていないことをして、なぐられたり、どなられたりするのはしかたのないことではないですか？

A そんなふうに感じるんだね。でも、相手がすじの通らないことを言ったからといって、どなったりなぐったりするのは、暴言や暴行だし、子どもにそれをしたら虐待になります。

　虐待が起こるのには理由があります。親と子どもの間には「力の差がある」ことと、「親はしつけのために多少の暴力をつかってもよい」という考え方が社会の中にあるからです。DVも同じです。男女間に「力の差がある」こと、「多少暴力的なのが男らしい」や「女は男のリードに従うべきだ」という考え方が社会の中にあるからです。そのため、男女のカップルでは、暴力をふるうのは男性のほうが多く、被害を受けるのは女性のほうが多いという現実につながります。

　もちろん、男性も被害を受けます。でも、とくに身体的暴力や性的暴力は、女子や女性のほうがずっとたくさん被害にあっています。

　ただ、あなたがそう考えるのは、もしかしたら、育ってくるなかで暴力を問題の解決に使ってよいという体験をしてきた、両親のそ

ういう関係を見てあたりまえと思ってしまったのかもしれません。この機会にDVのことを勉強して、周りの仲間やスクールカウンセラーさんなどとも話してみてください。そのなかでいろんな気持ちが湧(わ)いてくるかもしれません。

　第2章「からだとこころ」も参考にしてね。自分で自分を大切にできることが、たがいに相手を尊重できることにつながります。

> 親になぐられるのは、自分が悪いからしかたないと思っていた。自分は大切な人を傷つけないようにしたい。

> Q 友だちは彼女を大切にしすぎて、周りとのかかわりを大切にできていません。これは相手にとって、デートDVなんでしょうか。

A もし、その友だちが彼女の人間関係を制限していたとしたら、「束縛」というこころへの暴力になります。デートDVには、この「束縛」がけっこう多いのです。自分以外の男性にかぎらず、同性の友だちとも出かけさせない、電話をかけさせない、携帯をチェックするなどもあります。

「愛している」＝「相手を束縛していい」とかんちがいしている人は、調査でもたくさんいることがわかりました。彼女が自分以外の人との関係をもつことを尊重できないのは、自分の想いの押しつけであり、自分勝手ですよね。あなたの友だちがDVの加害者になっているのなら、そういう行為はどんな理由があっても許されない、と伝えることが大切ですが、友だち同士で問題を解決するのはむずかしいと思うので、スクールカウンセラーや保健室の先生、信頼できるおとなに相談したほうがよいと思います。

> **Q** セックスってなんですか？　セックスについて話すと「エロい」と言われます。セックスってエロいですか？

A 英語の辞書でsexを調べると、1. 性別、2. 性交、3. 性的要素と出てきます。周りの人は、2の意味で使っているのかな？

　2のセックスは、精子を卵子に届けるためにペニスを膣に入れることから広がって、口や肛門も含めて、性器と性器の触れあいをすべて含む言葉です。そして、性器以外のさまざまなからだの触れあいも含めて、さらに広い意味で使う人もいます。

　「エロい」というのは、「いやらしい」ということ？

　そういうイメージがあるのは、アダルトビデオやマンガやインターネットなどで流される情報につかっていたり、おとながそう教えたり、実際にそういうふうに考えている人がいるからでしょうか。

　私は、セックスが「エロい」と思っていませんし、セックスについてちゃんと知ることが大切だと思います。

> はっきり言ってもらってすっきりしました。

> **Q** この前、ある人に「高校生になったら、みんなセックスするようになるよ」と言われました。高校生になってもセックスできてないとおかしいんですかね？

A その「ある人」は、性についてまちがったことが書いてあるマンガや雑誌を読んで、本当のように思ってしまったのだと思います。

19pと同じ新しい全国調査では、高校生1〜3年生に聞くと、セックスの経験がある人は、男子で15.0% 女子で23.6%でした。つまり、セックスしていない人のほうがずっと多いんです。

「遅（おく）れたくない」とか「つき合ったらセックスしないといけない」という思いこみや、周りからのプレッシャーでセックスを急ぐ人もいます。全然あせる必要なんてないんです。

> 高校生になったら、もっとみんながやってると思っていました。

> **Q** 保健の教材の「NO SEX」のところに「あせらなくてもいい」と書いてあったのですが、中学生でも、あせればコンドームを使ってセックスをしてもいいということなのでしょうか？

A セックスをしてもよいかどうか、これは年齢（ねんれい）の問題ではないと私は思います。月経が始まったら妊娠（にんしん）する可能性があり、射精が始まったら妊娠させる可能性があります。病気の感染（かんせん）や妊娠などについてちゃんと勉強してから、2人で本当に今セックスしたいか、するのか、話しあってみてください。

コンドームはうすいゴムなので、やぶれたり、とれたりする危険があって、100％安全なのは、「セックスをしない」という方法だけです。だから、もし、病気や妊娠のときには、だれに相談するか、どの病院にいくか、診察（しんさつ）費用はいくらか、どのように負担するかをシミュレーションしておくことです。自分と相手のこころとからだを大切にするためにしっかり勉強して、きちんとたがいに話しあえることが、セックスしてよい条件だと私は思っています。

> これからおとなになるにつれて「責任」ということが今よりずっと重たく感じると思うから、考えて行動することが必要だと思った。

> **Q** マンガで精液を飲むのがあったがカラダに悪いのでは？　同性同士がセックスをしたらなにか悪いことがありますか？

A どういう性行為(せいこうい)をするかは、2人で決めることです。精液は飲めるし、妊娠(にんしん)の可能性もないけれど、相手が性感染症(せいかんせんしょう)だったら感染する可能性があります。それに、相手が大好きな人であっても、自分がイヤだと思ったら、「その行為はしたくない」と伝えていいんです。性に関しては「NO」「いや」と言った人の意見が通るのが基本ルールです。むりじいは愛情ではありません。

　女性同士・男性同士でセックスしたら、妊娠はしないけれど、病気の感染の可能性はあります。

> 「そんなことをしなければならないの？」と不安がいっぱいでした。別にしなくてもよいとわかってよかった。

> **Q** 初Hはどのように進めていけばいいですか？

A そのカップルによっていろいろですから、ハウツーではなく、おたがいが本当に安心して気持ちよく思える方法を、2人で話しあいながら見つけていってほしいです。

「つきあっている人と、性やからだについて話すことができないと思う」人は多いです。理由は、「はずかしい」から、「そんなことは話すものではない」からと思っています。

でも、もし、相手がまちがった性情報を信じているとしたら？ それに、たがいにどうしたいのか話すことが、2人の関係性を深めていくことになります。そのとき、わからないことがあれば、2人で正しい情報を手にいれましょう。「はずかしい」と思う人は、まだまだ勉強が必要ですね。セックスをするのはそのあとでよいと思います。

> 私がビックリしたのは、性に関しての女子と男子の考え方のちがいでした。性についてきちんとした知識を知ることと、自分の意見をちゃんと言って話しあうことが大事だってわかりました。

> **Q** 外国ではコンドームの自販機(じはんき)が学校に設置してあるところもあると聞いたことがあります。本当ですか？

A 本当です。保健室では無料でもらえるところもあります。

　コンドームの使い方を知って、持っていることや、保健室で性やからだについてオープンに語りあうことは、性感染症(せいかんせんしょう)や予期しない妊娠(にんしん)を防(ふせ)ぎ、子どもたちを守り、学びのチャンスになる、と国や学校が判断しているからです。

　コンドームは、箱に書いてある使用期限を守る、保存場所に気をつける、持ち歩くときはカンなどの固いケースに入れる、袋(ふくろ)の開け方・取りだし方・裏表の確認をちゃんとする、空気が入らないように気をつける、包皮(ほうひ)をしっかりたぐりよせてからつける、毛（性毛）を巻きこまないようにして根元までしっかりつける、最初から最後までつける、などの注意を守れば、90％くらいの確率で安全を確保できます。

> **Q** トクナガさんはセックスを何回やったか教えてください。

A この質問をくれた人、ありがとう。

　でも、答えたくないので答えません。性についてオープンに語ることと、人のプライバシーを聞きだそうとすることはちがいます。

　友だちにでも、おとなにでも、個人的な経験を聞くときは、人にイヤな思いをさせたり、人権侵害になる場合もあるから、慎重にしてください。自分が聞かれた場合も、答えたくなかったら答えなくていいんです。

　このことを話せたから、質問をくれた人にお礼を言いました。

> つい、いつもの調子でふざけてしまったけど直球で返事がきたので反省しました。

自分の心を大切にしよう!!

> **Q** 女性はセックスするときにすごく痛いとよく聞きます。でも断りたくても断れなかったら、どーしよう!?　と思います。

A まず痛みのことについて答えます。女性のワギナ（膣）は、普段はぴったりと口を閉じています。こころからセックスしたいと思って、相手のことを信頼し、安心できてはじめて、こころもからだもリラックスするので少し開きます。でも、初めてのときは緊張してリラックスできないことが多いから痛いのです。痛いということは傷ついていて出血します。だから初めてであっても、十分に時間をかけてリラックスできれば痛くないし、出血しないこともあります。

逆に何度もセックスしたことがあっても、むりやりされたらすごく痛いし、傷ついて出血もします。だからセックスが気持ちよいかどうかは、女性の場合、こころと深い関係があります。

男性の場合は、脊髄で起こる反射反応なので、どのような状況でも、射精すれば気持ちよいと感じる人がほとんどです。それで、男子がいじめや性被害にあって、むりやり自慰させられたような場合にも気持ちよく感じます。暴力を受けてとてもつらいのに、気持ちよく感じることで自分のからだがこころを裏切ったような、深刻なこころの傷を抱える男子もいます。でも、それはからだの裏切り

ではなくて反射反応なんですね。

　そういう男女の感じ方のちがいがあるので、アダルトビデオやマンガでレイプして、最後には女性が喜んでいるように書いてあるのは大ウソなのに、信じこんでいる男性もいます。

　あなたがセックスしたくないと思ったら、ずっとしなくてもいいんです。相手のことが大好きでも「セックスはいや」ってはっきり言っていいんです。自分で決めていいことなんです。いやと言っても「愛しているならいいだろう」とむりじいするのは、デートDVの中の性的暴力になります。あなたの気持ちを大切にしてくれるなら、相手も考えてくれるはずですよ。

> エッチのとき、絶対に痛いと思って、こわくてしかたがなかったです。でも「子どもを産めない」のはいやだから、悩んでいました。悩みが解決できました。

> **Q** エイズの感染を防ぐためにはどうしたらいいんですか。
> もし、感染がわかったらどうしたらいいですか。

A HIV（H＝人　I＝免疫不全　V＝ウィルス）は、AIDS（A＝後天性　I＝免疫　D＝不全　S＝症候群）発症の原因となるウィルスです。

HIVがからだに入ると、免疫というからだを病気から守る仕組みがこわされていきます。数年〜10年程度で、免疫力が低下して、健康な状態ではかからないさまざまな病気にかかりやすくなり、代表的な23の病気の1つ以上を発症した状態をエイズといいます。

HIVが多くふくまれている体液はかぎられていて、それが別の人の粘膜に直接つくと、感染の可能性が生まれます。とても感染力が弱いウィルスで、空気や水に触れたらすぐに感染力がなくなってしまうので、日常生活では感染しないし、コンドームを正しく使えばほぼ防ぐことができます。

日本では、とくに若い人を中心に感染がわかる人が増えています（1日に約4人、2013年発表）。すぐには症状が出ないので自分が感染していることに気づかない人が多くて広がっているんです。

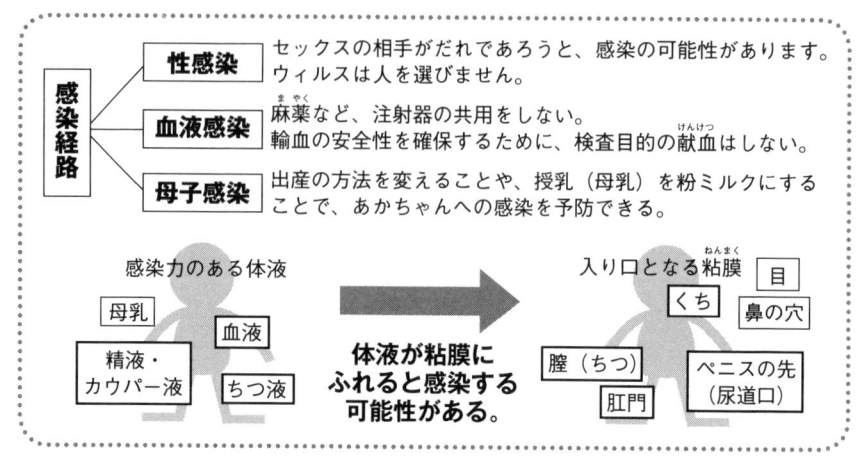

```
感染経路
 ├ 性感染    セックスの相手がだれであろうと、感染の可能性があります。
 │          ウィルスは人を選びません。
 ├ 血液感染  麻薬など、注射器の共用をしない。
 │          輸血の安全性を確保するために、検査目的の献血はしない。
 └ 母子感染  出産の方法を変えることや、授乳（母乳）を粉ミルクにする
            ことで、あかちゃんへの感染を予防できる。

感染力のある体液： 母乳／血液／精液・カウパー液／ちつ液
体液が粘膜にふれると感染する可能性がある。
入り口となる粘膜： 目／鼻の穴／くち／膣（ちつ）／肛門／ペニスの先（尿道口）
```

HIVと人権・情報センター　啓発パンフレットより

　感染を調べる検査は血液検査です。無料で、名前を言う必要もありません。全国でできます。どこでいつできるかは、インターネットの「HIV検査・相談マップ」で調べられます。感染がわかったら、今は、治療方法や薬がとても進歩しているので、薬を飲みつづければそれまでと変わらない生活ができます。だから感染している人は、みんなの周りでもあたりまえに暮らしています。

　ただ、この薬を飲みつづけるというのはけっこう大変なことです。インフルエンザで高熱が出たときのことを思い出してください。つらいときは薬をまじめに飲むけど、熱がさがって楽になると最後の薬は飲むのを忘れたりしますよね。

　HIVは薬を飲み忘れると薬が効かなくなってしまいます。症状がないのに、旅行にいっても食事会があっても、薬を決められた時間にきちんと飲む必要があるので、HIVに感染しても薬を飲んでいればだいじょうぶ、などと軽く考えないでほしいなと思います。

Q セックスは3回目までは妊娠しないって本当ですか？ いっぺんに何人もの精液がはいると妊娠しないって本当ですか？ 生理のときにエッチしたら妊娠しないんですか？ あと、子どもを産んだ親はみんなセックスをしたんですよね。

A 卵子と精子が合体すれば、どんな状況でも妊娠の可能性はあります。月経（生理）中に排卵することもあるので、月経のときのセックスでも妊娠する可能性はあります。

それから、今は、女性のからだの外で精子と卵子を合体させて、受精卵を子宮に入れるという方法（体外受精）で生まれる子どもが40人に1人くらいいるので、セックスしなくても子どもは産めます。でも体外受精を行うのはセックスで妊娠しなかったから、子どもをほしくて利用する人がほとんどです。

> ウソの情報ばかり見ていました。まちがいだとわかってよかったです。

> **Q** 高校生で妊娠したら学校行けないし、学校もやめなきゃいけないんですよね？　1回子どもをおろしてしまうと、次の子どもは産みにくくなる・死亡する確率が高くなるのは本当ですか。

A 次の妊娠に影響があるかは、中絶手術の技術によるから、ちゃんと認定を受けた病院で行えば大丈夫です。でも、からだへの負担は確実にあるので、受けるならなるべく早い時期が望ましいです。

　それから、妊娠したら学校をやめなくてはいけないわけじゃありません。実際に、一度休学をして産んで、子どもを育てながら学校に通っている人もいるし、休学もせずに通いつづけている人もいます。また、2人とも学校をやめて働きながら子育てし、子どもがある程度大きくなってから、2人とも夜間高校に通った人もいます。

　学業と育児の両立は本当にたいへんなことで、すべての人がやりとおせることではないかもしれないけれど、私が知っているなかでも、いろんな人がいるっていうことを紹介したかったんです。

> 命の問題に答えは見出せないと思う。人それぞれが選んだ最後の結果がその人の「命の答え」。

Q 中絶ってこわいなと思った。妊娠したくないのに妊娠して、1つの命を殺してしまうのはダメだと思った。

A 中絶を自分が経験したくない、好きな人にさせたくない、という想いをどうぞ大事にしてください。でも、それが中絶を選択しなくてはならなかった人への非難にならなければいいと思います。

「中絶は殺人ではない」と私は考えています。いつから人の命と言われるのかは、いろんな考え方があります。命の元だから精子や卵子も命だから、自慰や、生殖につながらないセックスは認められないと考える人もいます。

それはいきすぎだと考える人も多いけど、だったらいつからでしょう？　卵子と精子が合体した受精卵から？　体外受精などでは合体した受精卵が捨てられています。じゃあ、2週間目？　1か月目？……。線引きはむずかしいので、各国、法律で決めています。

日本では、22週になると子宮の外でも医療の助けを借りて生きていけるから、「人」として認めています。もちろん、中絶は経験しないほうがぜったいいい。予期せぬ妊娠をしないように2人で勉強したり、セックスしたくないと相手に言うことが大切ですね。

でも、レイプの結果妊娠することもあるし、恋人や夫が避妊に協力してくれなくて妊娠をすることもあります。避妊に協力しないこ

ともDVやデートDVの性的暴力なんですよ。

　それ以外にも女性が病気だったりして、どうしても育てられないときには、人工妊娠中絶が認められています。妊娠は2人で行動した結果なのに、中絶をすることは、男性に比べて、女性に大きな罪悪感やこころの傷を与えている現実があります。そういう悲しい想いをする人がなくなるように、正しい知識を学校で学べるようになってほしいし、暴力的なセックスを女性が喜ぶような、まちがったアダルトビデオがどんどん作られるという今の日本の状況が変わればいいと思っています。

　2013年発表の統計で、1年間に届出があったものだけでも中絶は、14歳以下は406件、1日1件以上、10代全体では20,903件、20代は86,795件、30代は77,565件。

　だからこのことは、10代だけではなくて、おとなも含めて真剣に考えていく必要があります。どうぞこれからも命について学びながら、個人としても日本全体としてもどうしていったらいいのか、考え、話しあっていってください。

> 中絶にもいろんな場合があることがわかりました。

> **Q** 子どもを産んだけど、育てられなくて子どもを捨てたりする人もいるんですか。子どもを育てるには、どんな責任などがいるんですか？

A 2012年発表の統計で1年間に、14歳以下で子どもを産んだ人は全国で44人、15〜19歳で子どもを産んだ人は13,274人。中高生で赤ちゃんを産んだ人の中には、子どもを里子に出す人もいます。養子縁組といって、赤ちゃんが産めない人も自分の子どもとして育てることができるし、海外の家族に引きとられる場合もあります。子どもの本当の幸せを考えたら、それは子どもを捨てるということではないと思います。

どんな責任ってむずかしいけれど、子どもを親とはちがう一人の人格と認めて、成長を喜び、温かく助けていくことかな……。産んだ親でなくても、そういう責任感のあるおとなに育ててもらったら幸せだと思います。

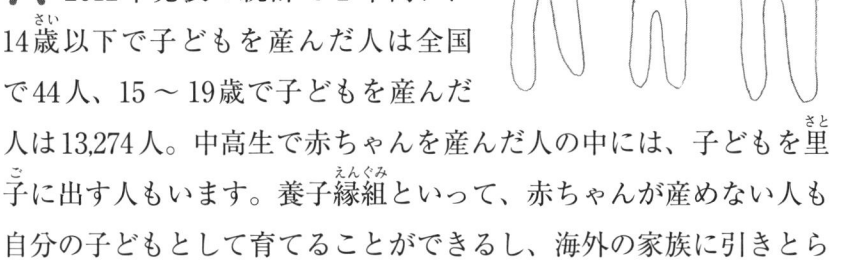

> 赤ちゃんを育てられない人がたくさんいることに、とても驚きました。ぼくがもし性交をするときがきたら、自分に子どもを育てる覚悟があるのか、しっかり考えなければいけないと思いました。

> **Q** 性行為後に、妊娠しないようにするための薬について知っておきたいです。

A コンドームが破れたとき、レイプされたときなどに使う緊急避妊用ピルのことですね。

　72時間以内に飲むと妊娠を避けられる可能性が高いのですが、避妊用ピルよりホルモンの量が多くてからだに負担がかかるため、かならず診察を受けて飲みます。副作用があるので、飲んだあとの体調管理も大切です。日本家族計画協会のDr.北村のJFPAクリニックのHPに、処方してくれる全国の病院の情報が載っていて、少しずつ増えていっているので、どこの病院でもらえるかときどきチェックしておくと安心です。

　性犯罪にあったときは、警察が治療や緊急避妊用ピルなど診療代を出してくれる制度もありますので、都道府県の警察にある性犯罪被害110番（別の名前の場合もあります）も調べておきましょう。

> 高校生の調査で避妊しない理由が「面倒くさいから」というのはサイテーだと思いました。でも、もしものことがあるからきいておきたかった。

Q なぜ女と男がいるのでしょう。なぜ、女と男でからだがこうもちがうのでしょう。

A 地球が生まれたのが約46億年前で、地球の上に生き物があらわれたのは約40億年前と言われています。最初の命は、たった1個の細胞でできていて、そのときから長い間、生き物は自分の遺伝子をコピーして2つに増やす方法で子どもをつくってきました。

この方法はとても簡単だけど、親が「寒さに弱い」という特徴をもっていると、子どもも全員「寒さに弱い」という特徴をもつので、環境が寒くなったら全滅してしまいます。それから、遺伝子は、ウィルスや宇宙線（宇宙からやってくる高エネルギーの放射線）などで傷つくので、傷もコピーされて、だんだん生命力が弱くなってしまいます。そこで、これらの問題を解決するために、遺伝子を混ぜ合わせる方法ができたのです。

つまり、ミックスすると寒さにも暑さにも強い子どももできるし、母とも父とも「ちがう」子どもができるってことが、生き残りのためには重要でした。そして、2つの遺伝子が合体すると傷つく場所がちがうので、おたがいに修復することができます。母と父もちがいが大きいほうが遺伝子の修復もしやすいんです。だから、いろんな人がいることが、人としての生物全体の強さにつながります。

合体するときに、1つは大きくてほとんど動けないけれど栄養をたっぷり持っている、もう1つは栄養は持っていないけれど小さくて動きまわれる、という組み合わせが一番生き残りやすかったので、大きいほうをメス、小さいほうをオスと呼ぶことにしました。
　ただ、人間の性別は多様性があります。次のページも読んでください。

>　「なぜ人はちがうのか」は、生き残りをかけた生物の知恵(ちえ)なんですね。からだだけではなく、こころも人とちがった見方をしたり、考え方をもったら、不安になってしまうけれど、それは当然のことなんだと感じました。

> **Q** 女になるか、男になるかは、だれが、いつ決めるのでしょう？

A 生物の授業で習ったかもしれませんが、この質問には生物学的な答えになりますね。

　遺伝子を合体させるときには、左右対になっている遺伝子をまず半分にします。女であるおかあさんの遺伝子の最後には「XX」とあって、半分の卵子の遺伝子それぞれに「X」がついています。男であるおとうさんの遺伝子の最後には「XY」とあって、半分の精子の遺伝子には「X」と「Y」がついています。

　「X」の精子と卵子が合体すると「XX」になるから女の子に、「Y」の精子と卵子が合体すると「XY」になって男の子になるんです。つまり、男の子になるか女の子になるかは、どの精子と合体したかで決まるんですね。

　でも、性別というのは、男か女かという単純なものでもないんです。「XXY」や「XO」（OとはYがないということです。Yは小さな遺伝子で、なくても生存できます）など、男女の中間的な遺伝子の人もいます。また、だれもがもともと同じ性器の原型を持っていて、男の子の場合は、精子と卵子が合体してから2か月くらいのときに、「XY」の遺伝子の「Y」の上に載っている「SRY遺伝子（精巣決定遺伝子）」が指令を出すと、男性ホルモンが出て男性化がは

じまります。ところが、男性ホルモンの受容体（じゅようたい）が働かないと変化は起こりません。

　それから、「SRY遺伝子」はときどき「XX」の遺伝子の「X」にのっていることもあって、女の子になる「XX」でも、男性ホルモンが出て男性化が始まることもあるんです。さらに、化学物質がからだの中でホルモンのような働きをしてしまう「環境（かんきょう）ホルモン」も知られるようになってきました。

　精巣（せいそう）か卵巣（らんそう）ができる、子宮か前立腺（ぜんりつせん）ができる、クリトリス・大いんしん・小いんしんかペニス・いんのうができる、というそれぞれの段階でどちらができるかはバラバラに起こっていることなので、組みあわせはいろいろなんです。これがからだの性別の多様性につながっています。そして、こころの男性化はからだの男性化と時期がずれるので、からだとこころの性別の組み合わせにも多様性がでます。こころの性別とは、自分が感じる性別のことです。

　ただし、性が分かれる過程や多様性のでき方は、まだよくわかっていない部分がありますし、この説明はかなり単純化しています。ここで伝えたいことは、性別のあり方は多様だということなんです。

> 　男性、女性はまったくちがうかと思ったら、からだはほとんどいっしょだと聞いて、とてもびっくりした。性もこころも、育てて大きくなっていくものだと思いました。

> **Q** 人間の遺伝子は99％が同じだって習いました。個性ってあるかないかくらい小さいことなんですね。

A 遺伝子は、命のつくり方の手紙のようなものです。遺伝子は、複雑な生き物が生まれるたびに、一部変更（へんこう）もしながら、どんどん新しく書きたされていきました。みんなの命のスタートである卵子と精子が合体した受精卵は1個の細胞（さいぼう）で、そこから細胞が増えて成長していきます。人の遺伝子には、細胞が1個だった大昔の生物の情報もそこからの進化も書いてあって、生まれてくるまでに、胎児（たいじ）はエラができてなくなったり、しっぽが長く成長して短く退化したり、地球の命の歴史を駆（か）け足で体験すると言われています。

では、あなたがもっている遺伝子と同じ遺伝子をもっている人はいるのでしょうか？　同じ受精卵から成長した双子（ふたご）以外は、世界70億のすべての人がちがう遺伝子をもっているんです。細胞の中の遺伝子は、リボン状になっていて、伸（の）ばすと2mくらいになります。それを、たたんでギリギリに巻いて、またたたんで、小さく小さくして、0.01mmくらいの細胞の一つひとつに入れてあるのが、あなたのからだなんです。思春期が終わると、細胞の数は60億くらいになるんですよ。個性をどう考えるかですが、遺伝子から見ても、あなたは世界にたった一つのかけがえのない命なんです。

Q 私はどうして男に生まれなかったのかと思っています。胸が大きくなるのもいやだし、親が買ってくるかわいい服もきらいです。おかしいですか？

A いろいろな場合があると思いますが、こころの性別とからだの性別に違和感(いわかん)を感じたり、自分が感じる性別がよくわからない人を、トランスジェンダーといいます。また、からだの男女に分かれる発達が部分的だったり、男女どちらかはっきりしない場合を性分化疾患(せいぶんかしっかん)といいます。

　色にグラデーションがあるように、じつは性別にもグラデーションがあるのです。男女ともに男性ホルモンも女性ホルモンももっているので、その割合によって、いろんな男や女がいるのが現実です。女と男ってきくと、パキっと二つに分かれているってイメージかもしれないけれど、実際にはつながっていることを性の連続性（グラデーション）と言います。このどの位置にいてもOK。

　よい悪いではなく、そういう性のあり方で生まれてきたってことなんです。

トランスジェンダーの中には、「からだの性別をこころの性別に合わせるために手術して変えたい」と思う人、ホルモン療法（りょうほう）だけで手術をしない人、こころの性別に合わせて服を着がえればそれでOKな人、土日だけ服を着がえる人、スーツの下にブラをつけているだけで折り合いをつけられる人もいます。だから、もし、あなたがからだの性別で暮らしていくのに困難（こんなん）を感じたら、その困難を解決するために使う方法を、自分にあった形で探していってください。その探し方も方法も、一人ひとりちがうし、ちがっていい、ということをおぼえておいてね。

> 私は昔から男子とサッカーやドッジ、バスケ、野球などで遊ぶのが好きでした。でもそうすると女子の友だちが減っていくばかりでした。体力や運動神経も男子並みになってしまい、自分が男子だとどれだけ楽かなとずっと考えていたけど、自分と同じ人もいるんだと安心しました。

> **Q** ニューハーフにはどうやってなるんですか？

A まず「ニューハーフ」の説明ですが、職業名として使われることが多いですね。男性として生まれて、女装してダンスショーなどに出ている人たちのことを主にさします。この中には、こころとからだの性別に違和感(いわかん)を感じているトランスジェンダーの人もいるし、仕事として女装している男性もいます。また、からだを手術して変えている人もいるし、いない人もいます。

もし、そういうショーに出たいという願望があるなら、お店のオーディションを受けるようになるのだろうけれど、私の知り合いで働いていた人は、それだけで食べていくのはたいへんだと話していました。

> なんとなく、オカマちゃんキャラのニューハーフになりたいとも思っていたけど、そのなかにもいろいろな人がいることがわかりました。自分の気持ちを大切にして、人に相談もして考えていきたいです。

> **Q** 同性に告(こく)られたら、どのように対処すればいいですか。

恋愛に 正解なんてない!!

A 相手が同性でも異性でも告白されたときの対応は同じ。まずは「うれしい」という気持ちを伝えていいですよ。あなたはすてきな人だ、大好きって言ってくれるってうれしいことだよね。だから、まず「ありがとう」。そして、相手の気持ちに応(こた)えるならば「わたしも同じ気持ちです」とか。

断るときは、「友だちとして好きだけれど、あなたの気持ちには応えられない」。そして、「でも、友だちとして、これからも変わらずつき合いたい」など、ちゃんとあなたの気持ちを伝えてください。このことは相手の性別で変わったりしません。同性の場合、違いがあるとしたら、告白するのにより勇気が必要だったと思うから、「気持ちを伝えてくれてありがとう」と、相手の決心をねぎらう言い方をしたほうがいいかなと思います。直接言いにくかったら、手紙でもいいです。

> 今までだったら「えぇ!!」とか思っていたけれど、同性愛の人も自分と同じで、ただスキになる人がちょっと違うだけなんだなぁーと、考え方が変わりました。

> **Q** 同性が好きな人は何人くらい日本にいるのですか？
> 同性愛の恋（こい）が中学でかなうことはありますか？

A 71pで話しましたが、10〜20人に1人くらいいます。自分が同性を好きになってはじめてわかるので、思春期になって気がつく人が多いです。でも、ほとんどは生まれつきの指向です。

中学生では、まだ気がついていない人もいるし、人に言えない場合があるので、中学校では同性愛の人同士が出会うチャンスは少ないかもしれませんね。

人を好きになるってすてきなことですよね。たまたまそれが同性だったということです。だから自分らしさを大切にして、これからの出会いを楽しみにしてほしいと思います。まずは当事者の団体が若い人向けにやっているイベントなどに行って、同世代の仲間を見つけてください。

> 質問の中には書かなかったけれど、ぼくは同性が好きです。中学校に入ってからです。まだだれにも言っていません。でも、この気持ちは変わらないと思います。

> **Q** 同性愛は別にいいと思う。人それぞれだし、人の勝手だと思うから、別に興味はない。

A いいと思ってくれるところまではステキだけど、興味がないというのはどうでしょうか。修道女として貧しい人につくしたマザー・テレサも言っています。「愛の反対は無関心」だと。関係ないとか興味がないという人が多いと、差別や偏見(へんけん)はなかなかなくならないのも事実です。だから、関心をもってくれたらうれしいな。

> 人は人で自分は自分なんだ、と思っていました。でも、その人をその人としてちゃんと見ることは必要だということかな。人を理解するということは、その人の存在を認め、わかりあっていくことかもしれない。

> **Q** どうしたら性別を変えられるんですか？

A 精神的なケアを受けながら、医学的にはホルモンを使ったり、手術をしたりする方法があります。性別を変えるためのガイドラインが決められていて、法律的に戸籍を変更することもできます。

　手術は、からだの中の性腺をとって、からだの外の性器も作り変える手術です。でも、卵子や精子を作るようにからだを変えることはできません。

　手術の前に、まずホルモン療法を受けます。ホルモン剤はからだにいろいろな影響があるので、体調を観察しながら慎重に量を調整していきます。テレビ番組の影響で、ホルモン剤を外国から個人輸入して飲む若い人がいて、とても危険な状態になったことがあり、要注意です。ホルモン剤は医師に相談して飲むことが必要です。

　そして、なりたい性別でしばらく暮らしてみて、本当に手術したいか確かめてからします。手術は危険もあるし、一度したら後戻りはできないので、慎重に決めなければなりません。

　当事者が書いた本を読んでみるのもよいと思います。たとえば『性同一性障害　30人のカミングアウト』（針間克己・相馬佐江子著、双葉社）などを読むと、いろんな選択肢があることが実感できます。

　それに、思春期のあいだはからだもこころも揺れ動いているので、からだをこころの性別に近づけるホルモン療法を受けられるの

は18歳(さい)からです。でも、ジェンダークリニックなどの専門病院には小学生でも通えます。

　だから、一人で悩(なや)まないで相談してください。いろんな当事者の団体が電話相談やネット相談を受けつけています。学校生活などでの困難を減らす方法をいっしょに考えてくれます。

> 　私の知り合いに女の人のからだで心の中は男の人がいます。その人はフツーに男の人の姿で生活をしています。仲がいいので、とくになにも感じなかったけれど、これまでの人生でたいへんな想いをして生きてきたんだと思いました。もっと差別や偏見(へんけん)のない世界になってほしい！　と強く思いました。

Q 援交って、なぜダメなんですか。

A 「援助交際」のことですね。この言葉は意味を考えるとおかしな言葉ですね。

日本では、18歳未満の人（つまり子ども）にお金などを渡して性行為をすると、その人は罰せられます。子どもの側も誘うと罪に問われることがあります。

アメリカの調査で、ストリートで働いている10代のセックスワーカー（日本で言うと、いわゆる「援助交際」をしている子ども）の多くが、男女ともに厳しい性的虐待や暴力にあっていることがわかりました。

日本でも、性暴力や虐待にあっていて、親からお金を稼いでこいと言われている子、一時でもいいから愛していると言ってもらって肌の暖かさを感じたいと思っている子、お金を取ることでおとなに復讐しているつもりになっている子、などがいると聞いています。

そのような厳しい背景があるので、一概にダメといってもすまないと私は思っています。私が相談を受けたときには、まず、次のような危険を伝えます。

1. 相手はお金で子どもを自分の思い通りにできると思っているから、コンドームをつけないかもしれない。男女ともに性感染症に感染する危険が、女子は妊娠の危険がある。

2．個室で２人きりになるので、暴力の危険がある。
3．隠し撮りをされていて、その画像をばらまくとおどされたり、その映像がネットなどで広がる危険がある。

　この３つを伝えた上で、これからどうしていくかいっしょに考えようと話します。

> 援交の危険さについてわかってよかったです。自己責任でやればいいじゃん、と思っていました。

Q からだでお金を稼ぐというのはダメですか？

A これはセックスワークのことをさしているのでしょうか？

ILOという世界の労働に関わる機関では、性産業に従事する仕事をセックスワークとしてきちんと認めています。ただ、どんな仕事でも、新聞配達などの例外はありますが、15歳までの児童労働は禁止されています。また日本では、性風俗関連特殊営業と呼んでいて、届出と法律を守ることを求めています。子どもの保護育成のために18歳未満を雇ったりお店に入れてはいけないことになっています。

それから、セックスワークの労働条件はけっしていいとはいえなかったり、病気の感染から自分を守りにくかったり、暴力を受けたりお金を払ってもらえないなどのときに訴えにくかったりします。また、必要な営業許可を得ていないお店もあります。そういうところは十分に注意をしなければならないと思います。

男女ともに他に条件のよい仕事がないからセックスワークをするという人もいるし、外国からきて働く人もいます。業界の年間の売り上げは2兆～5兆円といわれているので、働いている人はたくさんいます。

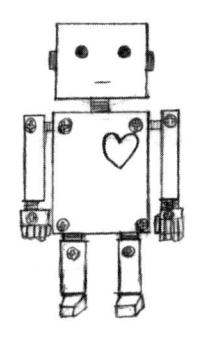

Q どうして女らしいとか、男っぽいとか、男女によって区別されるのでしょうか？

A 世の中って、2つに分けたり、2つをセットにして考えることが多いですよね。子どもとおとな、生徒と先生、仕事をしている人としていない人、子どものいる人といない人、若者と高齢者って。その中でも、女と男は一番よく使われる分け方です。でも、101pでも話したように、とうていきれいに2つに分けられるものではないんです。だから、女だから当然こうするべきだ、男だからこうでなくてはいけない、といってもあてはまらない人はたくさんいます。

どうして、2つに分けたがるのかといえば、それがその人たちにとって都合がよいからでしょう。歴史や文化の中で社会的に作られてきた、「女らしさ・男らしさ」の偏見を「ジェンダーバイアス」といいます。「女は家にいるべきだ」、「男は強くあるべきだ」という考えは社会でつくられてきました。けれど、人は一人ひとり感じ方や考え方がちがいますし、外に出て働くことが好きな女の人や、強さをじまんするのがいやな男の人もいます。そういう考えを押しつけられたときは、あなたがあなたらしく生きるためにはどうであればよいのか考えて、拒否していいのです。

Q インターネットも普及し、18歳未満の人が視聴すべきでない動画などが、ぼくたちでも簡単に見ることができてしまいます。ぼくも正直「エロイ」ものがキライではないのですが(^_^)、でも見てしまったあと、後悔します。やはり未成年者の精神の発達に悪影響をあたえることはたしかなので、もっと規制を強化してほしいです。

A そうですよね。子どもがインターネットで簡単にアダルトビデオを見ることができる状況を作りだしているのは、おとなの責任です。私はおとなとして、子どもたちに申しわけないと思っています。

アダルトビデオは、日本では年間何千タイトルもの新作が出ていて、今は暴力的なものがほとんどです。話題をとって売るために暴力行為はエスカレートしていくし、目新しい行為もどんどんでてきます。くれぐれも、アダルトビデオを現実と混同しないでほしいです。

私も、インターネットで映像を見てみました。そうしたら、とっても気分が悪くなりました。女性の人格や感情を無視し、性的なモノのように扱っているものが多いですね。こういう映像を見ている男性は、実際に恋人とセックスをするときに、あたたかいやさし

い触れあいができなくなるんじゃないかと心配しました。

　18歳未満への規制がされているのは、脳への刷りこみ効果が高いからです。おとなでもアダルトビデオを見たあと、街で女性を見かけると、相手の顔ではなく性器や胸に先に視線を向けてしまうという報告があります。

　どうか正しい情報源で勉強してください。それでも興味があるから見てしまう人は、1回見たら、しばらく間をあけるようにしてください。

> 自分に女の人を差別したり、暴力的な意識がめばえてしまうのはいやだと思いました。

> **Q** なぜロリコンなんてものがあるんでしょうか？

A 幼い少女を好むのは嗜好のひとつだと言われたり、心理的に未成熟な男性が、同年代の女性と交際したり接触したりする自信や勇気がないため、自分の言うことを聞く幼い少女に憧れるとも言われています。日本に多いとも言われます。

　それに、日本では規制がちゃんとできていないので、ロリコンのビデオなどがもっとも普及している国の一つになってしまいました。そのビデオが作られる過程では、子どもが被害にあうこともあります。それについて疑問をもったり、当事者の子どもたちが声を上げることはとても必要なことです。あなたの疑問の声は、私としてもうれしいです。

> **Q** 男の子が男の人にちかんをされたニュースをやっていたが、そんなことありえるのですか？

A ありえます。現実にたくさん起こっています。

　男子が性被害にあったときは、加害者の多くが男性で、逆に、女子に性加害をする女性もいます。すると、そういう加害者は同性愛者だと思う人がいるけど、それはまちがいで、ほとんどが異性愛者です。ではどうしてそんなことをするかというと、加害者の目的は性行為ではなく、暴力、つまり相手を支配しコントロールして、自分の有能感を満足させたいという欲求なんです。しかも、「性」を手段に使うと目的が達成しやすいことを、加害者はわかって行動しているんです。だから、よりコントロールしやすい子どもがねらわれます。まったくひどいことです。

　それから性的ないじめの場合も、同性の仲間やクラブの先輩がすることが多いです。これも目的は同じです。そう考えると納得がいきませんか？

> なるほどと思いました。

Q もし告白されてつきまとわれたらどうしたらいいですか？　わたしは今こまっています。教えてください。

A「いや」というとき、効果的な方法を練習しましょう。「いや」と言いながら、手をおもいっきり伸ばすんです。これは、これ以上私に近づかないで、って意味もあるんです。顔の表情もきっぱり断る様子を作ってください。

「今困っています」ということですが、これは、断ってもしつこくされているってことですよね。イヤって言っているのに、急に抱きついてきたりしたら……、こういうときは、相手のすねを蹴ってもいいし、なぐってもいいし、髪の毛ひっぱってもいいし、気分が悪くなったらガーと吐いてしまってもいいです。相手が「えーっ」とひるんだすきに、走って逃げます。

吐くというのは、からだを守る反応です。たとえばくさったものを食べると吐いたり下痢したりしますよね。実際に、性の被害にあったときに吐きたくなったという人は多いんです。からだを守る反応が、性の被害にあったときも発揮されるからだと思います。ところが、人の前で吐くのはよくないって思いこんで、ガマンしている人が多いようです。イヤなことをされたときは、どんなことをしてもいいから、相手のすきをついて逃げましょう。自分を守るためで

す。必死にやってください。

　こうしたデートDVの性的暴力だけではなく、子どもが性被害にあったとき、相手は知っている人がほとんどです。そして、これは女子だけではなく男子にも起こることです。世界の調査によると18歳までに男子の5～6人に1人、女子の3～4人に1人が性被害にあっている、という結果がでています。しかも、暗い夜道で知らない人からいきなり襲われることは少なくて、知っている人から室内で被害にあうことが多いんです。だから子どもが「いや」と拒否することは、自分を守るために効果があります。たとえ親しい人でもあなたがいやなら、「いや」と言って逃げてよいのです。

　ただ、恐くていやと言えなかったり、足がふるえて逃げられなくても、あなたが悪いわけではありません。悪いのは相手のしていることです。だから必ずだれかに相談してください。相談することは、傷ついたこころやからだの回復にも役だつし、他の子どもを被害から守ることにもつながります。とくに、男子のみなさん、相談するのは弱い人間のすることだ、というのはかんちがいですよ。だれかの助けを借りられるのは勇気があるってことです。男女ともに、勇気を出して、信頼できるおとなや先生、家の人に相談してください。

> 　帰った後、家で鏡を見ておそわれたときの対処方法をやってみました。いやそうというより、にらみつける感じでやってしまいましたが、自分でもひるみました。とてもいい方法だなと思いました。

> **Q** なぜ性犯罪は年々多くなっているのでしょうか？ 性犯罪でつかまる人はどんなことをしているんですか？

A 日本社会には、アダルトビデオやアダルト雑誌、インターネットのアダルト画像があふれているし、女性や子どもを性的に利用してよいと思いこんでいる人がたくさんいるようです。非常に残念なことです。そういう映像には、実際の犯罪の記録も含まれていますし、撮影内容を女性に伝えないで現場に送りこむこともあります。そう証言している人たちがいますし、その後、こころに傷をおってしまう人もいます。

　ただ、性犯罪件数は、あくまでも警察が関わったものなので、実際の数がどれだけか、年々増えているかどうかはわかりません。日本は、法律や制度の関係で、性被害を受けた人が非常に警察に訴えにくいという特徴があり、犯罪件数として上がってくるのは、これまでも本当にわずかだと言われています。

　一般の人を対象とした2012年発表の国の調査でも、強かん被害にあった人は7.7％いるのに、警察に相談した人は、被害にあった人のうちたった3.7％でした。強かん以外にも、むりやりからだにさわる、性的な目的で映像をとるなど、本人がこころから同意していないのに性的なことをするのは全て性暴力ですが、性犯罪として

全部に警察が関わるわけではないのです。

　性暴力を受けてつらい想いをしている人があちこちいかなくても1ヶ所でさまざまなサービスを受けられるワンストップ支援センター（性暴力救援センターなど地域によって名称が違う）が少しずつ増えています。そこに行けばからだの治療もこころのケアも受けられるし、希望すれば警察も弁護士もきてくれます。つらい経験を何度も説明しなくてよいのです。近くのセンターを調べてみましょう。電話相談だけでも利用できます。

　120ｐの質問と関係しますが、もし、だれかにしつこくつきまとわれた場合は、「ストーカー」の恐れがあります。一時、恋愛関係にあった場合でも、こちらが別れたいというのに相手が納得しないでつきまとわれたり、ネットにプライベートな写真を公開されたりすることもあります。また、とくに恋愛関係がない場合でも一方的につきまとわれたり、ネットがきっかけになったりすることもあります。ストーカーは、ほとんどが「知り合い」の犯罪で、ストーカー規制法が適応されます。

　身近なおとなに相談をして、警察署（担当部署は生活安全課、ストーカー対策室など地域で違う）へ行きましょう。自宅の最寄りだけではなく学校や逃げた先など、どこの警察署でも助けてくれます。

> 自分の♡に負けないで！

あとがき〜この本を手にされたおとなの方へ

　この本を手にされたきっかけは子どもからの質問に悩まれたからでしょうか？子どもとからだや性の話をする方法を探してのことでしょうか？

　思春期のからだの変化については、多くの子が不安に思っています。「親から精神的に自立し、友だち関係を重視する」こころの変化の時期なので、周りの子とあらゆることを比べて、早いと「異常ではないか」、遅いと「バカにされるのではないか」と、小さな変化に一喜一憂しています。周りと同じでなくては、というプレッシャーはおとなの想像以上に強いのです。さらに、性ホルモンの急激な増加で、他のホルモンとのバランスが崩れて体調不良が続き、感情が不安定になることもあります。私は地域の相談室や電話相談の現場はもちろんのこと、学校の性教育講演会でも事前に子ども全員から匿名で質問を集めるスタイルの授業をした上で、放課後に臨時相談室を開くので、たくさんの子どもの疑問や悩みに向き合ってきました。その中で、今の子どもが昔とすごく違っているわけではないことを実感しています。

　しかし、昔と今では社会的背景が大きく違っています。地域社会や遊びの変化で関係づくりのトレーニングの機会が少なくなっている一方、スマホの普及も加わって、性を興味本位にとらえる情報、「理想的なからだ」イメージと性暴力被害につながる誘いがさらに巧妙に洪水のように押し寄せています。だからこそ、身近なおとなが子どもの不安に向き合って受け止めていく、肉声で伝えていくことの重要性が高まっています。子どもたちが性的に自立しないまま、自分を受け入れてくれる誰かに寄り添いたいと思うところに、性行動の危うさが生まれていると感じています。

　ところが、子どもの相談が「性」関連ととらえると、緊張が走ってしまうおとなが多いようです。どうぞ、まずは、しっかり話を聴いて「心配なんだね」「とまどっているんだね」と気持ちを受け止めてください。そして頼ってくれたことを「ありがとう、うれしいよ」とこころをこめて伝えてください。答えを急ぐ必

要はありません。「何が一番気になっているの？」「こうしたらどうかなと考えていることある？」と、もっと話せるように促してください。そこに共に居て聴くことが、いっしょに考えることが、存在を受け入れていると伝わることが、子どもとの信頼関係を作っていきます。いつでも頼っていいんだという安心感が、自立・自律への歩みを引き出します。これは「性」以外の相談と同じです。

　逆に、おとなが「性」の相談に向き合うと、子どもの心がぐっと開いて、それ以外の相談もしやすくなるようです。この本を参考にして答えても、部分を組み合わせても、いっしょにページを読むのでもOK、本書をさまざまに活用してください。

　もし、急な性器への関心や、年齢に不釣合いな性器や性交に関する質問があれば、淡々と科学的に答えた後、どこでその言葉を学んだのかを確かめてください。ガードレールの落書きで知った子もいましたが、性被害にあって聞いていることもあるからです。聴く側が嫌悪感などを顕わにしてしまうと、子どもは被害について打ち明けにくくなってしまいます。辛い話を受け止めたら、おとなも誰かに気持ちを聴いてもらいましょう。話して落ちついたら、子どもの身近にいるおとなだからできることをいっしょに考えてもらいましょう。

　私は性教育を、自分のからだを病気から守ること（＝健康）、性被害から守ること（＝安全）、それらのベースとなり子どもが自分を大切に思う気持ちを育むことにもつながる、自分のからだについて正しく学ぶこと（＝科学）の３つの視点でとらえています。科学の視点には人の多様性ということも含まれます。「一人ひとり違う、違っていることが生物としての生きのびる力につながるから重要なのだ」と伝えることで、子どもは不必要な不安から解放され、メディア情報を批判的に読み解く力も育てられるようです。子どもの内的な力を引き出し育てる姿勢で性教育をすることは、提供者に子どもが相談をするきっかけにもなります。家庭や学校でぜひ活用していただきたいアプローチです。

　私の授業後の子どもたちの声を紹介します。

〈子どもたちからの質問に一つずつ答える授業の感想から〉

＊初めてわかったことや、人間ってすごいなあと思うことがたくさんありました。直球で答えてくださったおかげで、すごい感心したこともたくさんありました。おとなになる準備がしやすくなったと思います。(中１、女子)

＊おとなとかは、「子どものうちは早い」とか言って、家では絶対話さないことも、トクナガさんは「素晴らしい」とか言って話をして下さったことに驚きを隠せませんでした。雑誌とかで知ったあやふやな情報もしっかりと分かったし、気持ち悪いことではなく必要なことなんだと思いました（中２、女子)

＊普段、親に聞けないことはたくさんあります。性の悩みなんかはその一つです。からだは発達しているのですが、こころがおいついていないというか、その変化にまだ納得できていないような感じがします。でも、おとなでも僕たちのことを知ってくれて、丁寧に教えてくれる人がいるんだという安心感がありました。それに、自分のからだが別に変じゃないとわかって本当によかったです。
追伸：僕は、なぜか、生まれてくるときのことを覚えています。思い出すたびに生が包まれるような暖かさがよみがえります。(中２、男子)

＊人は人で自分は自分なんだというお話はすごく自信になりました。その人をその人として見ることができることは、とてもとても素晴らしいと思います。皆違っていいし、人は十人十色、人を理解するということは、たくさんの人の存在を認め合い分かり合っていけることだと思いました。(中２、男子)

＊将来子どもができたときには、トクナガさんを思い出して小さいときから性教育をしようと思いました。私は自分を大切にして、相手も大切にして、相手に大切にされる人間になりたいし、そんな人と出会いたいです。(中３、女子)

＊なんだかスッキリしました。性のことに興味はあったけれど、友だちにも親にも話せませんでした。今日、正しい知識を得ることができたので、後ろめたさのようなものはなくなりました。けれど、望むなら、もっと自然に性の話ができる環境になってほしいです。(中３、男子)

＊性に関する話題は学校の性教育の時間でも気恥ずかしくてブロックしてしま

傾向にあったのですが、トクナガさんのお話を聞いているうちに気持ちがだんだんほぐれてきて、別に恥ずかしがることでもないな……と確認できました。性感染症や避妊の方法を知ることは性に関するリスクを知ることになり、人に優しくすることと真剣に向き合えるようになると思います。(中3、女子)
＊お話をきいて自分が生きているんだなあと初めて実感しました。今まで自分はなんで生きているんだろうとか、生きている理由って何だろうと思っていたけど、なんとなくわかった気がします。何兆個もの細胞でできていること、遺伝子のこと、何億年ものつながりのこと、人が生きているということはとてもすごいことなんだと思いました。(中3、男子)
＊私は今受験のことや、その他にもたくさんの悩みがあります。しかし、悩みがあるのはみんな同じだとわかったし、思春期である今はその悩みと上手に向き合うしかないと思いました。性暴力など私があったことはないお話もありましたが、「自分とは無関係」と思って終わらせるのではなく、今社会で起こっている現状をしっかりと知っておくことが大事だと思いました。(中3、女子)
＊質問の所に「女性に告白しようと思ってるけど、同性だから嫌われたらどうしよう……」と書きました。この中学には私一人しか同性が好きな人はいないと思いますが、世の中で考えたら他にも同性が好きな人がいるということを知って、少し安心しました。ちょっと告白の時もがんばろうと思います。勇気がつく話をして下さってありがとうございました。(中3、女子)

最後になりましたが、相談に来てくれた子どもたち、質問を投げかけて授業を聞いてくれた子どもたち、本のためにイラストを寄せてくれた子どもたちに感謝します。本のプランを立ててから数年、最後に背中を押してくれたのは被災地で出会い、相談してくれた子どもたちでした。本を仕上げることが、今、被災地の子どもたちに私ができることの一つだと心が強く動きました。本当にありがとう。

 2013年4月   徳永桂子

著者
徳永桂子（とくなが・けいこ）

思春期保健相談士。神戸大学大学院総合人間科学研究科（発達支援論講座修士）卒業。CAPにしのみや、HIVと人権・情報センター、'人間と性'教育研究協議会、女性と子ども支援センター　ウィメンズネット・こうべ、神戸大学HCセンター　セクハラ防止プロジェクト、ぴーらぶ京都に所属して活動。『家族で語る性教育―私たちの出前講座』、『なくそう！　スクール・セクハラ―教師のためのワークショップ』（以上かもがわブックレット）、『新版　人間と性の教育シリーズ第1巻　性教育のあり方、展望』（大月書店）の共著書がある。

装幀　藤本孝明、岡本一平＋如月舎
DTP　編集工房一生社

からだノート　中学生の相談箱

2013年6月20日　第1刷発行　　　定価はカバーに
2024年8月5日　第9刷発行　　　表示してあります

著　者　　徳永桂子

発行者　　中川　進

〒113-0033　東京都文京区本郷2-27-16
発行所　株式会社　大月書店　　印刷　三晃印刷
　　　　　　　　　　　　　　　　製本　中永製本
電話（代表）03-3813-4651　FAX 03-3813-4656　　振替00130-7-16387
http://www.otsukishoten.co.jp/

©Tokunaga Keiko 2013

本書の内容の一部あるいは全部を無断で複写複製（コピー）することは法律で認められた場合を除き、著作者および出版社の権利の侵害となりますので、その場合にはあらかじめ小社あて許諾を求めてください

ISBN978-4-272-41219-8　C0037　Printed in Japan